打開古人的內心小劇場

十五篇核心古文，透視古人這樣想、那樣寫的萬千糾結！

楊曉菁——著

目錄

第三章　這些人與那些事

第四章　想要做自己——獨白與自白

第五章　我的生長、我的土地

引言

小劇場不只是小劇場

——歐陽宜璋　臺北市高中國文科輔導團社群管理者

光陰不待人，但符號的魔法能重新賦予時光的質量與溫度。同樣的，一個小劇場也不只是小劇場，它迷人的地方主要在於劇場內強而有力的互動。當好的表演者透過由內而外的思想和技巧，以無所不在的符號表達呈現，劇情隨之展開。走進這個劇場，會瞬間打開我們的感知，連結我們的新知與舊學。而走進精心布置，由淺而深的古文十五篇小劇場，除了切實看懂那些文言字詞、篇章，也能在精準跨域的設計引導之下，習得古典的應用價值和運用能力。

很榮幸能為楊曉菁教授的新著：《打開古人的內心小劇場》寫這篇推薦序。在我個人的教學研究歷程中，二十五年北一女中國文科資訊融入教學、十年的國文學科中心文言文網站管理者，及擔任北市高中國文輔導團教師，臺大師資培育中心教材教法及實習課程，陪著台大種子教育社十五年走遍山顛海涯，一直到目前致力於北市衛星資優課程的奇幻劇場設計。特別因為在臉書社群：台北市高中國文科輔導團十一年至今的管理者身份，有幸陸續拜讀了楊曉菁老師系列演繹十五篇古典推薦選文的大作，並與與《國文天地》同步呈現在這個社群裡，發表期間不論是教師學生或是社會賢達，都獲益良多，成為按讚分享及秒推最熱門的系列主題。而從當時的經典新詮到這本書的完成，內容可說是全新為教學現場而設計的。從《國文天地》的中西學術的系統分析，轉換為教師與學生敲門探路的津梁，完全重新打造了這十五篇的可讀性與現代應用價值。

這本書不但由形入神、以簡馭繁，帶著我們穿越時空，完整理解一〇八課綱的十五篇推薦選文，更運用了精準而富於創意的分類和小標題，依序帶出這十五篇的主題，例如第一章中明示了職場應用的行文對象與策略，第二章勾勒了理想世界的樣貌，第三章則展開了歷史和個人的內心小劇場。第四章重視自我思想的表達——從議論描寫，恰當表情達意。第五章則融入了臺灣古典的最新選文，在教學和閱讀理解上並不好發揮，也特別突顯出書中曉菁老師對於新興文本的引導功力和識見。

曉菁老師長期致力於學術研究與文學創作，由於前此的高中任教經驗，她對國語文課程標準的籌備與實踐常能走在最前線；任職於國立彰化師範大學國文系之後，曉菁老師專研古典文學、文心雕龍、文藝創作和華語文教學，也在國文科師培教學上戮力耕耘。她的每一步高處眼亮，又能把文化星圖轉化為閱讀及教學指南。相信您跟著仔細閱讀和回應，必定能增加微書寫時代的邏輯、思辨以及卷卡合一的應答能力。如果你熱愛創作，這本書的古典風格分析與演繹，一定能拓展你觀看世界的視野，良好的串連字詞句的結構，讓你對文字元素擁有更敏銳的感知和運用能力，適合帶在身邊，成為望向世界的窗。

在此謹以一位師資培育者和在線教師的身分，為這本書致上無限的期許。

引導文本精讀，啟發閱讀經驗

——吳昌政　臺北市建國中學國文科教師

楊曉菁老師是一位教學與研究「兩棲」的國語文教育工作者，對現代中文讀寫教育用力尤多，用情尤深。她的新作《打開古人的內心小劇場》，可以視為送給高中師生的一份閱讀禮物，透過分析十五篇「推薦選文」，本末賅備，示範如何精讀文本、開啟閱讀經驗。

這本書像是一名經驗老練的嚮導，引領讀者朋友走進一座又一座閱讀的深山密林，尋幽訪勝，先之以觀察體會，繼之以慎思明辨；這本書又像是一名內斂的武林高手，不喊標新立異的口號，不擺虛張聲勢的拳架，卻展現扎實沉著的閱讀馬步，以及有本有源的閱讀功夫。

國文教學的核心內容與「精讀」（close reading）

十五篇「推薦選文」重要的教學價值，在於提供一組精選的基礎文本，他們連同其他選文，可在不同面向進行對話、互補，甚至辯難、延伸，並搭配各項學習表現，共構國文科學習的知識系統。

文本分析（textual analysis），或者「精讀」，是閱讀教學的核心技藝，具體一點說就是以文本為中心的詮釋途徑，針對文本的語言、結構、象徵、修辭手法等加以分析，藉以探究文本形式與內容的完整性。

古人的趣聞軼事，可以增加閱讀文章的親切感；創作的時空背景，可以提供閱讀思索的脈絡，但那些周圍訊息必須有效連結文本內容，才能顯出閱讀的意義。協助生成閱讀意義，開啟意義之門，正是文本分析的任務。至於跨域知識的觸類旁通，或者生活情境的感發連結，自然十分要緊，但都以加深文本理解為前提。高中閱讀教學宜以文本細讀作為基礎，背景知識作為探究閱讀的線索，文學知識作為深度閱讀的津梁，延伸連結作為活化閱讀的觸角。

《打開古人的內心小劇場》成功示範了「文字篇章」、「文本表述」與「文化內涵」等不同層面的學習內容，如何透過文本分析的精湛刀工，切割處理，卻不傷筋骨架構；條分縷析，同時呈現每道層次的獨特滋味。

從「閱讀策略」到「閱讀經驗」

臺灣教育界重視「閱讀策略」，近年來翕然成風，而且逐漸將閱讀策略引入各學科領域的學習活動。這是好事。期待閱讀被視為一種後設認知（metacognition）的知識，增幅學習，並且藉由這種學習策略養成學生批判思考的習慣。不過，舉凡一種主張或概念成為風尚之後，若不加以反思、探究它的根本與限制，則容易流於空洞，甚至淪為媚俗。語文學科既然以「閱讀」為核心內涵，對此特別須要覺察明辨。

「策略」云者，強調實務應用。說「閱讀」是一項實用技能，固然不錯；但若一味強調「策略」，很容易導向工具性與功利化的思維，反而看不到閱讀更深刻而真實的內涵。其次，嚴謹的閱讀策略系統，背後必有文學理論或者（教育）心理學理論做為基礎，存在適用的條件與限制，不是舉一隅便以為四海皆準，見小效便打算無限上綱。任何「閱讀策略」都應以既有的「閱讀經驗」為基礎，或以創造嶄新的「閱讀經驗」為目標。所謂的閱讀經驗，就是閱讀者直接接觸文本所產生的認識與回應。這是在談「閱讀策略」的時候，必須放在心上的觀念，願與教師朋友共勉。

關於閱讀策略，曉菁老師自是嫻熟於胸，《打開古人的內心小劇場》可以說是閱讀策略的文本分析實踐。書內每個章節標題，綜合觀之，從文本分析與解讀（文本背景、文本分析、文本串講）、閱讀思辨（提問與思辨）、跨域思維（現代連結、跨域延伸）、文本閱讀（字詞訓釋、文本釋意），正好組成完整的閱讀藍圖，呈現不同層次的閱讀策略如何對應到閱讀實踐的不同畛域。或者可以這麼說，在這種高層次的閱讀經驗裡頭，各種閱讀策略成為背景意識或者隱性知識（tacit knowledge），作為文本分析的潛在資源，而不是當作現成的尺碼去套量文本的寬窄。

「述學文體」與文章風格

我還想提醒讀者朋友在內容見解之外，特別留意這本書的「述學文體」。首先是曉菁老師在屬文謀篇之際，非常講究複句之間的邏輯關係，使得句子在形式與結構上眉目清楚，流暢中不失謹飭，頗能幫助讀者順著文章理路，整理自身思考。我忍不住鼓勵高中讀者，先耐住性子閱讀下去，不只是記憶內容，而是在閱讀過程中薰染它遣詞造句、邏輯連結與段落鋪陳的方式。這種簡潔雅正的書面文體，極有助思考，對國語文閱讀與寫作幫助很大，也是學術性閱讀與寫作的銜接橋樑。

其次應當注意到這本書最精華的部分，也就是每篇選文裡頭文本分析那節，選用了「章句串講」的方式。大部分時候，她是完整梳理文本的脈絡，運用語文學、修辭學的方法，由字、詞、句、段等詞章表現所提供的意義（而非預設的或者附加的概念），來支持閱讀觀點。這種隨文釋義的串講方式是古代「注疏」傳統常用的訓詁體式，兼以吸收了明、清以後流行的文章評點手法。

此外，曉菁老師在行文中自覺添加了許多現代語文教學的重要概念。質樸規整的陳述之中，含蘊著教研科班的傳統功底，與讀寫素養的當代內勁。我也很鼓勵高中讀者細讀這樣的分析性文章，同樣地，重點不是背誦文章詞句或既成見解，而是從中提取出閱讀（以及寫作）的基本概念，熟悉內化之後，加以反饋、遷移（transfer），開啟其他讀寫經驗。

閱讀是人類創造性的心智活動，而心智思維與身體肌肉一樣需要刻意鍛鍊。講求「活用」而不重視「精讀」，閱讀猶如無根之木；標榜後設「策略」而輕忽真實「經驗」，閱讀猶如無源之水。學好閱讀，要在根源處下功夫，加以「沉潛反覆」，「涵泳玩索」。

最後我想說，閱讀好比登山，每座山道途萬狀、風景殊異，每個人的步伐也難以用同樣的規矩測量。可以確定的是，過程不總是輕鬆。幸好，有機會跟著一名好教練、好嚮導，日積月累，實踐反思，或許就能建立起閱讀的自信與品味，來日享受閱讀的風景及趣味了。

作者序

看穿古人內心劇場的糾纏與糾葛

——楊曉菁 本書作者、國立彰化師範大學助理教授

臺灣自一〇八新課綱通過，將高中文言文刪減為十五篇以來，文言與白話的比例分配，成為熱門討論的話題；從存廢與否、比例多寡到實用價值，都有諸多正反不同的見解。事實上，每個社會，都需要一個共同認知的載體，以便人際之間的溝通，溝通的形式可以是口語，也可以是文字。而在華人世界裡，「中文」便是這個載體，在過去我們稱它為「文言文」，而現代就是「白話文」。

「文言文」既然是古代語彙文字的呈現方式，透過它的載錄我們得以一窺古人生活的樣貌與生命的情操。因此，「文言文」是一種媒介，是一艘引領我們穿越時空、回溯古人智慧的推進器。於是，我們看見孔子斥責宰予晝寢（早上睡覺）而說了：「朽木不可雕也，糞土之牆不可圬也！」原來，孔子也是會動氣罵人呢！又如：子路因為護主而被剁成肉醬，自此孔子覆醢（ㄏㄞˇ），再也不吃肉醬，師生兩人情誼之深厚，可見一斑。再看一例，與現代人息息相關的就業、失業等問題，歷來許多文人的仕宦生涯及生命歷程中，常因耿直個性，與上意不合，遭到貶謫外放的命運，從此離開家園，難以歸鄉，這和現代人的職場生態有著相似的「同構關係」。面對生命的困境，有人可以超脫順逆、達觀安然，等待下一波浪起，如蘇東坡；有人則

是鬱鬱寡歡、惆悵以終，如賈誼。在這些不同的貶謫或自勉的篇章中，我們看到面對逆境時異樣的生命情調，也從中找出屬於自己的安身立命之道。

在文本之外，我們進一步思考，如何使用這些文本？將文本視為教材，這中間需要什麼樣的轉譯過程？目前，高中國文教學現場，關於文本教學，可見兩種主要類型，其一是：文本解讀分析派，其二是：文本活動式探究（活動化、情境化）。此兩種教學模式，各有其本末、輕重、先後的命題。在課堂上，文本解讀分析時，學生是讀者？教師是進階讀者？進階讀者是否能夠完全代替作者發言？所以，教師該如何掌握文本教學時解讀與分析的尺度，才不會限制學生的創意呢？此外，許多活動式或遊戲式的國文課堂活動，會不會有喧賓奪主，主客易位，主體失焦的擔憂？這又該如何拿捏與設計呢？在「知識本體」與「應用方法」之間行走，我們到底如何該「交融」與「共構」，才能雙贏加分，而非產出一種制式的生搬硬套之模組。

古典文學在學校的文學教育裡，它又該如何亮相？怎麼登場？它既有文字的形音義基礎功的部分，也有文本分析與探究的向度，更有關於文化反思與延伸的命題。凡此，是筆者對於文學教育的省思，也希望年輕學子能夠一探古典文學之理趣、情趣及種種風趣。於是，以文本為基底，透過不同視角與視野的分析，採用亦莊亦諧的思維與筆觸，期待召喚古文閱讀者，激發思辨、探問與共鳴。

文學教育的內涵與圖像有多樣的面貌？我的想像是：以「文字」為基底地磚，浸濡在「文學」的廣域裡，享受「文化」的洗禮與辯證，逐步奠基以涵養出豐厚的人格底蘊。邀請您一起進入《打開古人的內心小劇場》裡，不是插科打諢、不只龍套跑堂，更多的是古籍文化的深邃與精妙。

第一章

臣下對君王的種種姿態

第一章

01

沒有人是局外人

——《左傳．燭之武退秦師》

／文本分析與解讀／

文本背景——強強聯手威脅下的小國生存大作戰

〈燭之武退秦師〉一文選自《左傳》。《左傳》成書的目的是為了解釋孔子《春秋》一書。《春秋》是中國最早的一部編年史，它一共記載二百四十二年（西元前七二二年至西元前四八一年）間的史事，全書只有一萬六千五百餘字，在文字紀錄上，孔子使用的極為簡省，因此後人讀《春秋》時，難免因為這樣微言的形式，而無法了解事件的全貌，所以左丘明寫就《左傳》一書，替《春秋》做註解。《左傳》富於詞藻，詳於史事，長於敘事，善述征戰、會盟之事，與《公羊傳》、《穀梁傳》合稱「春秋三傳」。

〈燭之武退秦師〉一文可視為是利用「說服」策略以解決國際間衝突的故事，本文是節選自〈左傳．魯僖公三十年〉的一段歷史。〈燭之武退秦師〉故事的背景發生在西元前六百三十年，當時，秦、晉打算包圍鄭國，因為，在此之前，鄭國做了兩件對不起晉國的事：其一是晉文公當年流亡路過鄭國時，鄭國沒有以禮相待；其二是在西元前六百三十二年的晉、楚城濮之戰中，鄭國曾出兵幫助楚國。秦、晉此番合力包圍鄭國，迫於情勢危急，鄭國大夫佚之狐便向國君推薦燭之武出使秦國進行遊說，以解除鄭國所面臨的危機。

全文於內容組織上有個巧妙之處，也就是它透過三則「君臣之間的對話」串起上下文脈絡，**分別是：鄭伯（鄭文公）與燭之武、秦伯（秦穆公）與燭之武、晉侯（晉文公）與子犯**。其中最為重要的是燭之武如何施展說服策略來說動秦伯，進而讓秦國退軍一事，一場折衝樽俎的精采外交辭令，於焉展現。

段落	旨趣	與課文對照
第一段	**危機**的發生	當時狀況↓**秦晉圍鄭。** 包圍原因↓**鄭曾無禮於晉，且貳於楚。** 秦晉駐軍方位↓**晉軍函陵，秦軍氾南。**
第二段	**（處理）** **說服**一： 鄭伯使燭之武願意去說服秦伯	1、策略A↓引咎自責。**吾不能早用子，今急而求子，是寡人之過也。** 策略B↓曉以利害。**然鄭亡，子亦有不利焉。** 2、結果：燭之武應允。**許之，夜縋而出。**
第三段	**（處理）** **說服**二： 燭之武往說秦伯	1、策略A↓說以利害 ❶地理方位上：**越國以鄙遠，君知其難也。焉用亡鄭以陪鄰。** ❷利益條件上：**若舍鄭以為東道主，行李之往來，共其乏困。** 2、策略B↓挑撥離間 ❶秦晉歷史恩怨：**君嘗為晉君賜矣，許君焦、瑕，朝濟而夕設版焉。** ❷晉欲擴張西方領土，必攻秦：**既東封鄭，又欲肆其西，若不闕秦，將焉取之？**
第四、五段	**結果**	1、秦國與之結盟↓**秦伯說，與鄭人盟。使杞子、逢孫、楊孫戍之。** 2、晉國亦退↓**晉子犯請擊之，晉文公曰：「不可。」**

文本分析

〈燭之武退秦師〉一文除了可以透過三則「君臣之間的對話」來審視之外；另一種文本分析的方式是我們可以將整起事件看成是鄭國的一場外交危機，而燭之武如何展開說服之術，將危機化為轉機。於是，全文發展的脈絡可以分成**危機↓處理（說服）↓結果**三個歷程來檢視，如前頁表格所示。

（一）句句成理、字字動心的挑撥離間術

本文首段以短句為主，「晉侯、秦伯圍鄭，以其無禮於晉，且貳於楚也。晉軍函陵，秦軍氾南。」只用二十五個字，將當時形勢、戰爭起因，以及晉、秦駐軍方位，生動呈現。藉由短句塑造出一種快速、急迫之感，正好對應戰事將起的迫在眉睫，讀來令人緊張。《左傳》敘事筆法之凝鍊由此可見。此段另埋下伏筆，原來，「圍鄭」一事乃出之於晉國與鄭國的恩怨，與秦並無關係，可見秦的出兵乃出於被動，這一伏筆埋下了文章後續燭之武勸誡立說的基礎。

文本的第二段是三則「君臣之間的對話」的第一則。此則是：鄭文公如何說服燭之武願意往說秦國。運用人物對話的推進，構成情節。首先，佚之狐建議鄭伯派遣燭之武為說客的一席話，回應首段鋪陳鄭國所處的危急形勢。文中的「危」字（國危矣）更點出鄭國的形勢嚴峻，和鄭國人民內心的焦急感。接著，從燭之武和鄭伯的對話可以看出，鄭國內部並非沒有矛盾；然而，鄭伯身為國君是最重要的當事人，他引咎自責，展現君王謙卑低下的態度，至此，在在呈現出鄭國情勢上的迫切。不過，鄭伯的說法並不是一味地示弱，他也說：「然鄭亡，子（燭之武）亦有不利焉！」說明亡國後，覆巢之下亦無完卵的利害關係，你和我都是局中人，是逃不出的。雖然文中沒有直接就人物的心理進行描寫，但是透過對話及情節亦能顯示人物的心理。舉例來說：鄭伯與燭之武的對話，沒有動作、神情，亦沒有形容或渲染，仍能讓讀者於字句間感受人物的態度。此段最後，透過燭之武「許之」的動作，俐落沒有冗贅的簡述，便過渡到下一個事件——「燭之武往說秦伯」（君臣對話第二則）。

第三段，首句便以「夜縋而出」為開頭。一國之君所派的外交使臣為什麼選在「夜」裡出訪？為什麼不是從正門走出，而是以「縋」的方式——綁著繩子，自城牆垂吊而出？「夜縋」二字，說明外交使者不敢在白天出使，國家城門不敢打開，如此筆法間接表達鄭國形勢的危急，一切作為得偷偷摸摸進行；於是，燭之武的往說之辭更顯得十分重要了。然而，燭之武見了秦伯，開口便稱「秦、晉圍鄭，鄭既知亡矣。」反而把「求援」一事暫時忽略不提，直接陳述鄭之存亡與秦的利害關係。洞悉秦、晉間的矛盾並加以分析利害，這是燭之武的主要策略。燭之武先是示弱，刻意放低姿態，表明鄭國已是強弩之末，以此降低秦國的戒心。燭之武的陳辭可以分成四層面來了解。**第一層說明**：亡鄭無益於秦而有利於晉，「凡利於晉即有害於秦」，此言太震撼了；原因在於，「亡鄭」增加了晉國的領土與實力，相形之下自然削弱了秦國的力量，也必然損及秦國的霸主地位。**第二層說之以利**：不攻打鄭，留下鄭國以作為秦國境外據點，表明保有鄭國對於秦的東拓事業是有利的。如此一反一正，說明「亡鄭有害，舍鄭得益」之目的，然而，燭之武並未就此停止。文意來到第三層，為了落實前面的說辭，燭之武翻出晉惠公昔日忘恩食言的舊帳，刻意挑起秦伯對晉的不滿，暗示秦伯，晉國是不可信任的。而最後一層，又再度強調晉是貪得無厭的；「既東封鄭，又欲肆其西封。若不闕秦，將焉取之？」

據歷史記載，「燭之武退秦師」一事之前，晉楚兩國於城濮進行一場大戰，楚國敗了，晉文公也因此而成為春秋五霸之一，晉國聲勢如日中天，其他諸侯國皆恐懼。

所以，當燭之武說亡鄭之舉不唯無益，反殃自身（秦），這就讓秦伯緊張了。燭之武深知在此情況下，「言利不如陳害」，因此「說利」只用一層，其餘都是「陳害」，層層進逼，使秦伯認清利弊得失。燭之武在行文間，八次提到「君」字，似乎處處為秦設想、站在秦的角度分析利弊，並非僅為鄭的存亡而立說，如此，更增強了說辭的親切性與感染力。最終，燭之武成功地使秦伯退兵並與鄭國結盟，使鄭國逃過滅亡之機。

第四及第五段是故事的尾聲，寫秦伯終被燭之武說服，不只停兵止伐，更與鄭結盟。爾後，第三則君臣對話則是晉侯和子犯兩人，子犯對秦國退兵非常氣憤，建議晉侯出兵攻擊秦國，但，晉侯盱衡情勢，沉得住氣，決定日後再議，便也退兵了。從晉侯說的「三不」（不仁、不知、不武）可見得燭之武用計之高，及對敵人了解之深。〈燭之武退秦師〉全文雖是極盡挑撥離間之能事，卻句句成理，字字動心，而非故弄玄虛、危言聳聽。

整篇文章透過兩組說服情節，三段君臣對話來完成。在燭之武退秦師成功之後，秦、晉之間的聯盟破裂，從此互相猜忌，後來更引發歷史上著名的秦、晉「殽」之戰。

（二）善用情感包裝，讓忠言順耳

本文除了情節結構的安排甚具巧思之外，在語言風格上也有匠心獨運之處。全文大量使用動詞與語氣詞。其中，語氣詞雖是虛詞，但往往能傳達情緒，具有畫龍點睛之效，更富有臨場感和真實性。如以下例證：

「焉」字的使用。「焉」字使用四次，分別是「然鄭亡，子亦有不利焉。」、「焉用亡鄭以陪鄰」、「且君嘗為晉君賜矣，許君焦、瑕，朝濟而夕設版焉。」、「既東封鄭，又欲肆其西，若不闕秦，將焉取之。」此處的「焉」字都發生在燭之武與秦伯的對話上，燭之武以試探、詢問的口吻，客套地請秦伯仔細思考，而非議論式、指導性的口吻。

「矣」字的使用。「矣」字使用四次，分別是「國危矣」、「今老矣」、「鄭既知亡矣」、「且君嘗為晉君賜矣」。

「也」字的使用。「也」字使用八次，分別是「且貳於楚也」、「臣之壯也」、「無能為也已」、「是寡人之過也」、「君知其難也」、「君之薄也」、「君之所知也」、「吾其還也」。

一篇「以下對上」的說服之文，理當引經據典、立論充分、論述完備、條分縷析才能讓對方信服。不過，當時鄭國所處情勢是大國（秦）對小國（鄭）；而外交對話的兩人（燭之武與秦伯）之地位分別是國君與臣下，在如此不對等的狀況下，燭之武的遣詞用字自然必須要字斟句酌，除了不卑不亢，理據充分之外；還得注意自己的態度必須謙虛委婉，並適切地以情感召喚認同。於是，種種因素的加乘，是造成本文大量使用語氣詞之故；在義正辭嚴之外，若懂得以情感包裝，會讓語言更能入耳動聽。

總體而言，〈燭之武退秦師〉的語言風格如下：多處使用省略修辭，將主語省略，利用動詞推動文意，透過對話塑造人物形象，凡此皆使整體文章更顯精鍊。其次，善用短句，造成文本節奏的快速遞進，也塑造情節的急迫性。第三，許多肯定語氣的句子，除了表達自身立場之外，也彰顯燭之武論述理據的正確性，以便堅定地說服他人。再者，大量使用語氣詞，使得語氣上舒緩平易，不致使對方有遭受冒犯之感。

／閱讀思辨／

一、閱讀完本文之後，請你概略說明以下人物的性格，並以文中句子加以說解標註。

相關人物性格略表

人物	性格分析	課文文句
鄭文公		
佚之狐		
燭之武		
秦穆公		
晉文公		

二、事實上，此事件之起因是晉國要攻打鄭國，冤有頭，債有主，秦與鄭兩國之間不具備相互開戰的理由。燭之武是不是該先往說晉侯呢？但，為什麼他卻先去說服秦伯？這是否是本末倒置，策略錯誤的作為呢？

參考答案

一、相關人物性格略表

人物	性格分析	課文文句
鄭文公	禮賢下士、察納雅言、勇於認錯	公曰：「吾不能早用子，今急而求子，是寡人之過也。然鄭亡，子亦有不利焉。」
佚之狐	見識卓越、知人善任	佚之狐言於鄭伯曰：「國危矣！若使燭之武見秦君，師必退。」
燭之武	析理精確、顧全大局、思辨清晰	課文第三段全段
秦穆公	接納雅言、謹慎思維	秦伯說，與鄭人盟。使杞子、逢孫、楊孫戍之，乃還。
晉文公	處事周嚴、思慮縝密	公曰：「不可，微夫人力不及此。因人之力而敝之，不仁。失其所與，不知。以亂易整，不武。吾其還也。」亦去之。

二、

春秋時期，鄭國是個弱小的國家，長期處在秦國與晉國的矛盾裡。燭之武深知要說服晉侯十分困難，他選擇先去說服秦伯，是他掌握了情報，並對君主的心理有所揣度。燭之武知悉秦鄭兩國之間確實存在糾葛。秦晉兩國在歷史上有秦晉聯盟（成語：秦晉之好），因此秦國於情感上力挺晉國，願意出兵協助攻打鄭國，此乃正常之舉。當然，秦國也是為了拓展自身的實力，不過，秦一旦自己無法獲得利益，甚至可能損失利益，那麼，秦國還要義無反顧地相挺晉國嗎？於是，燭之武的高明之處在於他提及秦與晉種種糾紛矛盾，見縫插針，挑起秦伯對晉侯的懷疑。另外，燭之武深具外交折衝樽俎的手腕，並具說服之術。他的說服態度並非一開始就直搗黃龍地說出兩國往昔的仇怨，而是循序漸進，抽絲剝繭，逐步地挑起人心的懷疑及嫌隙。燭之武不僅說出了君主想要聽的話，也藉此達到自己的目的。

反觀晉國，為了能夠與秦國繼續聯盟，為了得到秦這個重要的盟友（也可能是敵人），晉侯不得不退兵。晉國如果執意要攻打鄭國，軍力上可能也是綽綽有餘，只是，晉侯的設想更遠，他不想因小（獲得鄭國）而失大（失去秦國之盟）。所以，燭之武的外交策略可說是不傷一兵一卒，並且一箭雙鵰，讓秦晉兩大國都退兵了。

／跨域思維／

從鄭國看臺灣

以現今國際情勢來看，臺灣也有類似於鄭國的處境。處在中國與美國抗衡之間，臺灣的外交舉措、國際生存，呈現著舉步維艱的困難，隨時都要準備可能面臨被攻打的危機。要如何脫困是一個嚴肅且充滿挑戰的問題，鄭國利用大國之間的利益紛爭加以挑撥離間，找出縫隙、尋得出路，進而免於亡國。那麼臺灣是不是也可以如法炮製走這條路呢？或是另闢蹊徑呢？我們的出路會是什麼呢？〈燭之武退秦師〉一文中，是否有給臺灣處境一些啟示及可能呢？請說說你的看法？

（創意共享：彰化師大國文系游清桂、黃閔筠、李姿穎）

【原文】

(一)晉侯、秦伯圍鄭，以（因為）其無禮於晉，且貳於楚（貳，動詞 對晉有二心，親近楚國）也。晉軍（駐紮，動詞）函陵，秦軍氾南。

(二)佚之狐言於鄭伯曰：「國危矣！若使燭之武見秦君，師（軍隊）必退。」公從之。辭曰：「臣之壯也，猶不如人。今老矣，無能為也已。」公曰：「吾不能早用子（你，敬稱），今急而求子，是寡人之過也。然鄭亡，子亦有不利焉。」許之。

【翻譯】

(一)晉文公、秦穆公圍攻鄭國，因為鄭文公曾經對流亡的晉文公無禮，而且和楚來往親近，對晉有二心。當時晉軍駐紮在函陵，秦軍駐紮在氾南。

(二)佚之狐告訴鄭文公說：「國家的情勢非常危險！如果可以派燭之武去見秦穆公，秦軍一定會撤兵的。」鄭文公聽從佚之狐的建議（去見了燭之武）。燭之武推辭說：「臣壯年時還不如他人，現在年老了，更是不中用，無法有作為了。」鄭文公說：「我不能及早任用你，如今國家危急才來求你，這是我的過錯。但是假如鄭國滅亡了，對你也不利啊！」燭之武答應了。

（三）夜縋而出，見秦伯曰：「秦、晉圍鄭，鄭既知亡矣！若亡鄭而有益於君，敢以煩執事。越國以鄙遠，君知其難也。焉用亡鄭以陪鄰？鄰之厚，君之薄也。若舍鄭以為東道主，行李之往來，共其乏困，君亦無所害。且君嘗為晉君賜矣，許君焦、瑕，朝濟夕設版焉，君之所知也。夫晉，何厭之有？既東封鄭，又欲肆其西封，若不闕秦，將焉取之？闕秦以利晉，唯君圖之。」

縋：ㄓㄨㄟˋ，以繩繫物，垂之而下，動詞
執事：尊稱秦君
鄙：ㄅㄧˇ，邊境，此處作動詞用：以……為邊境
陪：倍也，增加
東道主：主人
行李：使者
共：ㄍㄨㄥ，供給
嘗：曾經
濟：渡河
版：版築
厭：通「饜」，滿足
封：開拓領土，動詞
肆：擴充，動詞
封：邊界，名詞
闕：損害
唯：希望
圖：考量

（三）夜裡，燭之武用繩子綁住身體，垂降到城外，見了秦穆公說：「秦、晉圍攻鄭國，鄭國已經知道遲早要滅亡了。如果滅掉鄭國而對秦國有利的話，那就煩勞你們來攻打吧。越過他國（晉國）的國境而以遠方的鄭國作為邊邑，您知道這不是件容易的事。何必要滅掉鄭國來增加鄰國（晉國）的實力呢？鄰國（晉國）的土地擴充，實力變大，就等於是您自己的實力變弱了！如果秦國可以放過鄭國，讓鄭國作為您東征途中的主人，秦國使者的往來，鄭國都可以供應所缺，這樣對您也沒有害處啊。而且您曾經對晉惠公有恩，晉惠公曾經許諾割焦、瑕二地作為報答，結果您早上才護送他渡河（回晉國），傍晚晉國就在河邊築牆設防了，這是您所知道的。晉國，哪裡會有滿足的時候呢？當他在東邊滅了鄭國開拓疆域之後，一定又想往西邊擴展領土，往西，如果不侵犯秦國，那怎麼能取得土地呢？損害秦國

(四)秦伯說，與鄭人盟，使杞子、逢孫、楊孫戍之，乃還。

說：ㄩㄝˋ，通「悅」　杞：ㄑㄧˇ　戍：ㄕㄨˋ，防守

(五)子犯請擊之，公曰：「不可，微夫人力不及此。因人之力而敝之，不仁；失其所與，不知；以亂易整，不武。吾其還也。」亦去之。

之：秦國　微：沒有　敝：擊敗，動詞　與：親近　知：ㄓˋ，通「智」　易：代替　去：離開

而有利於晉國，希望您仔細考慮啊。」

(四)秦伯聽完燭之武的話後十分高興，便和鄭國締結盟約，並派杞子、逢孫、楊孫留在鄭國協助防衛，然後就撤軍了。

(五)晉國大夫子犯請晉文公截擊秦軍，晉文公說：「不可以，當年如果沒有秦穆公的幫助，我就沒有今天的位置。依靠別人的力量而又回過頭來攻擊他，這是不仁；失去親近盟國的友好，這是不智之舉；以分裂取代完整，這不是用兵之道。我們還是回去吧。」於是，晉國也撤軍了。

歷屆考題

一、下列文句，含有「如果……，則……」之意的是：

(A) 然鄭亡，子亦有不利焉

(B) 逝者如斯，而未嘗往也

(C) 友從兩手，朋從兩肉，是朋友如一身左右手，即吾身之肉也

(D) 若夫日出而林霏開，雲歸而巖穴暝，晦明變化者，山間之朝暮也

(E) 為天下之大害者，君而已矣。向使無君，人各得自私也，人各得自利也

109年大學指考（補考）

（解答 AE）

第一章

02

隱藏「說服」的高級話術

——李斯〈諫逐客書〉

／文本分析與解讀／

文本背景——鎖國？還是開放？哪個才是王道？

〈諫逐客書〉一文，就文學脈絡的發展來看：從先秦（春秋戰國）以來歷史散文及諸子散文多以說理敘述的方式直現，此文開始以辭賦化、駢偶化的瑰麗樣貌展示。全文透過大量「論據」的堆疊鋪排來佐證作者李斯的論點——「逐客為非」的正確性，它提供了論說文章與說服寫作的一種典型。若從史學的觀點來看，〈諫逐客書〉寫成於秦王政十年，李斯於此次上書之後政治實力更上層樓，在秦王政二十六年協助秦王吞併六國，完成一統天下的霸業。

秦王政十年（西元二三七年），發生了著名的間諜案「鄭國事件」，韓國派遣水利工程師鄭國（人名）入秦，說服秦王興築水道，灌溉農田，其真正意圖欲使秦忙於內政，以耗損秦之人力及財力，最後讓秦無力東征吞併他國。就在發生間諜鄭國事件之後，秦國宗室大臣遂趁機進言，希望秦王能驅逐當時在秦國境內一切外來的客卿，宗室貴族與外來賓客之間的矛盾日久。而李斯非秦國人，自然居於此驅逐之列中。

文本分析

〈諫逐客書〉就文意的安排上，可分五個段落來看（如下頁圖表所示）：首尾兩段內容精要，彼此呼應；中間三段則是觀點論述、概念推演的重要過程。從古而今（強調歷時性的必然），從人及物，有正有反，層次分明，洋洋灑灑，理據充分；尤其於每段結尾時，還有小結論進行該段重點之收束，藉此以呼應全文之重點：「秦國欲強盛稱霸，不該逐客。」

段落	大意旨趣及寫作特色	課文文句對照
首段	開門見山直陳「逐客」一事是錯誤的	臣聞吏議逐客，竊以為過矣
第二段	以「**古**」為例，從「**歷史**」角度出發。援引昔日秦國四位國君任用外國客卿，而使得國力強盛，民富兵強。	❶秦穆公任用由余、百里奚、蹇叔、丕豹、公孫支。 ❷秦孝公重用商鞅。 ❸秦惠王任用張儀。 ❹秦昭王任用范雎。
	小結論	向使四君卻客而不內，疏士而不與，是使國無富利之實，而秦無強大之名也。
第三段	以「**今**」為例，從「**物質**」角度出發。說明秦王在食衣住行育樂各層次的生活使用，皆有外國之物。（採**類比**推論，若外國客卿皆不進用，那異國之物為何可以用呢？） 註：此段為全文內容最長之處，李斯臚列珍奇異獸、器皿用具、美女音樂……等秦王日用常見的事物，企圖以實際經驗喚起秦王與異國人事物的高度關聯性。此處也是駢文色彩濃烈的一段。	❶昆山之玉、隨和之寶……，此數寶秦不生一焉，而陛下說之，何也？ ❷必秦國之所生然後可，則是夜光之璧，不飾朝廷；……西蜀丹青不為采。 ❸所以飾後宮，充下陳，娛心意，說耳目者，必出於秦然後可，則是……趙女不立於側也。 ❹夫擊甕叩缶，彈箏搏髀，歌乎嗚嗚快耳者，真秦之聲也……，退彈箏而取韶虞，若是者何也？

第三段	**推論→物質上好用異國者，但人才則否。**	今取人則不然，不問可否，不論曲直，非秦者去，為客者逐。
	小結論	此非所以跨海內、制諸侯之術也。
第四段	直接說理。李斯以為為政當有容乃大，以此反證秦王「逐客」之舉是錯的。	臣聞地廣者粟多，國大者人眾，兵強者士勇。是以泰山不讓土壤，故能成其大；河海不擇細流，故能就其深；王者不卻眾庶，故能明其德。
	小結論	使天下之士，退而不敢西向，裹足不入秦，此所謂「藉寇兵而齎盜糧」者也。
末段	總結逐客之過錯	今逐客以資敵國，損民以益讎，內自虛而外樹怨於諸侯。

（一）幫秦王做懶人包、畫重點

本文在結構邏輯上極為高明，由於寫作目的在「說服」秦王，因此，若文章僅僅是不停地說理，易使人不耐而生厭。於是，李斯援引歷代秦王因重用賓客而使國家強盛的史例，為他的說服策略先行鋪墊，再以秦王日常生活食衣住行的實例入手，召喚情感，以獲得共鳴；最後才以說理之姿規勸秦王唯有「不卻眾庶，故能明其德。」以「恩德廣被」的正向政策來鼓舞及激勵秦王。而李斯也深知秦王的終極目標是國富兵強，兼併六國，一統天下，所以他不停地反覆說著：「此非所以跨海內，制諸侯之術也。」、「是使國無富利之實，而秦無強大之名也。」、「內自虛而外樹怨於諸侯，求國無危，不可得也。」上述言語反覆出現，告誡秦王：若你有「跨海內，制諸侯」大志，不該逐客，如果不改變政策，自是無法稱霸於諸侯間。所以，秦王該不該改變逐客政策呢？一切不言而喻。所有的叨叨唸唸都是為秦國及秦王設想，所以這次的說服自然成功了，末了一句「秦王乃除逐客之令，復李斯官。」不見於課文，但原文有之。其次，〈諫逐客書〉一文的論點明確精準，全文雖然綿長，但是論述過程不失焦，從敘事、描寫、議論等不同表現手法裡，都在昭示著主旨「驅逐客卿，無法稱霸諸侯」。於是，我們可見在各個段落裡，主旨或論點彼此有著或隱或顯的鏈結，如：末段的議論筆法，「夫物不產於秦，可寶者多。」二句歸結對物之喜愛；「士不產於秦，而願忠者眾。」二句總結秦王對人才之輕視，以照應歷史事實；「損民益讎」一句則呼應第四段的「棄黔首以資敵國」；結尾的「今逐客以資敵國……求國無危，不可得也。」又與文章開頭提出之主旨「竊以為過矣」遙相呼應，彼此關連。

再者，第三段「此非跨海內、制諸侯之術。」第四段「使天下之士，退而不敢西向，裹足不入秦，此所謂『藉寇兵而齎盜糧』者也。」末段「今逐客以資敵國，損民以益讎，內自虛而外樹怨於諸侯，求國無危，不可得也。」這些文句，以千呼萬喚之姿，反覆告訴秦王逐客策略之誤，將導致其無法一統天下。李斯不斷幫秦王畫重點、下結論，使秦王對李斯的觀點有更明確的印象，具畫龍點睛之效。李斯以提綱挈領式的方式幫秦王做好「懶人包」，以便快速進入文章主題。

（二）運用心理戰，把難題丟給秦王

李斯的論述筆法頗為高妙，如：第三段中，對於秦王在日常生活中使用舶來品的現象，表達出同理的心情，於是，李斯以理解的立場替秦王找了臺階，說及秦王的取物原則是：「快意當前，適觀而已矣。」在看似平緩之後，文氣又立刻一反：「今取人則不然，不問可否、不論曲直，非秦者去，為客者逐。然則是所重者在乎色樂珠玉，而所輕者在乎民人也！」此處，李斯以近乎指責的口吻說秦王取物和取人原則的差異，

這暗示著秦王施政的原則是：看重自己？輕忽人民？此言必然引起秦王的思緒與情緒的反彈，不待秦王的回應，李斯此時以疾速之姿下了結論：「此非所以跨海內，制諸侯之術也。」一語中的，掐住秦王的咽喉，告誡秦王若想稱王於天下，當海納百川，當有容乃大，取人與取物不該有別。秦王有他自我的期許（一統天下），但也有他的疑慮（客卿私通），李斯深諳秦王內心的矛盾，藉由敘事技巧的移轉，將原本處於困境中的自己拯救了出來，轉而將難題丟給秦王。

（三）我都是為你好——站在對方角度思考

李斯此文是以「站在對方角度思考——了解秦王心中所期待」來下筆。李斯為書之際，危難迫在眉睫，欲使王者收回成命，復其官職。不過他未取縱橫遊說之士巧喻曲意的方式，而以「上書」來紓解困局，原因來自於：其一，倉促之間，局勢未明，一味兜圈子，恐怕貽誤時機；其二，引喻婉曲，可能失其真意。李斯即使使用寓言故事，進行隱喻告誡，亦可能喧賓奪主。故，李斯不能不直言，然而，一味直言可能招禍，這樣為難的落筆，李斯巧妙地信手拈來：以看似直接，卻又謙卑的方式行文，可謂剛柔相濟。要說服秦王收回成命，必須找到雙方都認可的理由以做為大前提。李斯的智慧在於不從抽象的道理出發，而是從具體的事實出發，這種事實，是權威的，不但秦王認可，並且，秦國貴族也無法反對。李斯清楚知道秦王欲統一天下的企圖，於是從此觀點下手。雖然，大家都知悉李斯是以自身能留在秦國為其終極目的，但全文無一提及自身利益，而是以秦國的國家利益為出發點來論述。

／閱讀思辨／

〈諫逐客書〉是一篇臣子上書國君的文章，並且，在對事件的看法與立場上，君臣相異，因此，「說服」與「改變」是上書者的主要目標，我們嘗試來分析及辯證本文中的一些議題：

一、秦王的心理狀態推論：秦王的期許及疑慮各是什麼

秦王的期許	秦王的疑慮

【延伸思辨】：承上，若知悉秦王的期許與疑慮，李斯該如何克服秦王的疑惑？

二、請你從課文中找出句子，可以用來說明秦王在「用人」與「用物」的標準不同？

三、本文中，李斯善用對比映襯的手法，來凸顯論點。請問，關於「人力」與「人才」兩者，在本文中，其意義及內容有何不同？

人力上	人才上

【延伸思辨】：承上，李斯之言，指出秦王在人力上及人才上，都不甚重視，輕易將優異的資源往外送，這是反面立論的表述法。本文中，除了正面立論之外，李斯也有不少反面論述的例子，透過正與反的論證方式，來表達論點，這是此文雖長卻不冗的因素之一。請問，文中還有哪些地方也是採用反面論述之處？

參考答案

一、

秦王的期許	跨海內，制諸侯
秦王的疑慮	客卿們別有心機

二、用人標準——不問可否，不論曲直，非秦者去，為客者逐。
用物標準——快意當前，適觀而已。

三、

人力上	秦王：棄黔首而資敵國（秦王不重視百姓人力）
人才上	秦王：卻賓客以謁諸侯（秦王不重視賓客人才）

/跨域思維/

說服的藝術

〈諫逐客書〉是一篇成功的論說文，透過古今之例以援引史實而取譬眼前，以大量「論據」來佐證其「論點」，且站在對方的角度思考，全文條理分明、理據充足且氣壯士強（鋪張揚厲），但又使用自謙之詞，懷柔並濟。以上種種都是李斯為了使秦王（被說服者）一步步踏入自己想達成的目標而做的鋪排，亦即為了達成「說服」的最終目的逐產生一種相應行動。

〈諫逐客書〉一文可說是將說服的藝術發揮得淋漓盡致。我們知道謙虛的態度比較容易打開對方的心，讓他人對你所說的內容產生共鳴。因此，文章首段李斯即運用此法，為自己做一個開場。接著做出分析，以層層例證將自己的想法告訴秦王，且表示忠心，期待獲得信任，讓秦王可以「自己去進行邏輯思考」。另外，根據著名的心理學名詞「抗拒理論」（reactance theory）提及，「當一個人感覺到失去自由及選擇權時，反而會降低順從要求的可能」，因此，若想要讓對方接受建議，反而要給予對方自由選擇的權利，而不是強制要求對方接受你的看法或建議。所以，李斯透過「上書」（下對上）的方式呈現給秦王眾多的建議之後，他讓決定權回到秦王身上，明說「決定權在你，你可以拒絕我的提議，但後果如何，我都跟你說了，你可以自己想想」強化內在歸因的可能（將行為歸因於內在特質），讓被說服者（秦王）認為這是自己做出的決定，而非外力因素影響，李斯隱藏了「說服」，更提高「說服」。

說服技巧無處不在，生活中一不小心就踏進話術之中。以看電影為例，正好是一場消費者與銷售者的話術拉鋸戰。當你和店員說明完觀賞電影的場次後，理應結帳拿票即可離開。但是，以下對話出現了：「好的，以上是您想看電影的場次及時間，我們今天有個搭配方案……，這樣搭配下來會非常划算喔！『比單買電影票便宜！』」這段令人心動的話即是根據消費者心理學，運用了「比例偏見」的概念而成立的。「昂貴」和「便宜」是相對的。電影院的「套餐方案」便是運用這種讓消費者「感覺便宜」的方式，且佐以講話的技巧，聽覺感官和心理感受同時施以錯覺，進而達到銷售目的。不過，或許有消費者在聽完店員這番推銷話語後，經過邏輯思考得知，雖然在優惠組合之中，電影票確實比單買便宜，但對於沒有用餐需求的顧客，那些額外加點的食物，只會造成額外的花費，是否有其意義？此時，就看每個人的需求來決定是否購買套餐組合？或是單買電影票？這些日常生活裡的經驗，無一不是經由某方的說服技巧與一己之邏輯思考的衝擊而產生的。

（創意共享：彰化師大國文系江惠廷、黃婷微、李宜昀）

文本閱讀

【原文】

(一)臣聞吏議逐客，竊以為過矣。

(二)史例一 昔繆(ㄇㄨˋ)公求士，西取由余於戎，東得百里奚於宛(ㄩㄢ)，迎蹇(ㄐㄧㄢˇ)叔於宋，來(招致)丕豹、公孫支於晉。此五子者，不產於秦，繆公用之，并(吞併)國二十，遂霸西戎。史例二 孝公用商鞅之法，移風易俗，民以殷盛，國以富強，百姓樂用，諸侯親服(親近歸服)，獲(戰勝)楚、魏之師(軍隊)，舉地千里，至今治彊(ㄑㄧㄤˊ，同「強」)。史例三 惠王用張儀之計，拔(攻取)三

【翻譯】

(一)臣聽說秦國的大臣們在討論要驅逐客卿，臣私底下認為這是錯誤的啊！

(二)從前穆公招攬賢才，從西戎那兒得到了由余，自東邊的宛地贖回了百里奚，並派人到宋國迎來蹇叔，又在晉國招來丕豹、公孫支。這五個人，都不是秦國的人，而穆公都重用他們，結果兼併了二十多個國家，於是稱霸了西戎。孝公採用商鞅的新法，改變秦國的風俗習慣，人民因此殷實繁盛，國家也因此富強，百姓們都樂於為國效力，諸侯們紛紛親近歸服，先後戰勝了楚、魏的軍隊，奪得千里的土地，直到現在秦國仍然安定強大。秦惠王運用了張儀的計策，攻下三

川之地，西并巴、蜀，北收上郡，南取漢中，包（兼併）九夷，制鄢（ㄧㄢ）、郢（ㄧㄥˇ，楚國），東據成皋（ㄍㄠ）之險，割膏腴（肥沃 ㄩˊ）之壤，遂散（ㄙㄢˋ）六國之從（合縱政策），使之西面事秦，功施（ㄧˋ，延續）到今。史例四 昭王得范雎（ㄐㄩ），廢穰（ㄖㄤˊ）侯，逐華陽，彊（ㄑㄧㄤˊ，同「強」）公室，杜私門（豪貴之門），蠶食（逐步侵吞）諸侯，使秦成帝業。此四君者，皆以客之功。由此觀之，客何負（辜負）於秦哉？小結論 向使（從前假使）四君卻（拒絕）客而不內（ㄋㄚˋ，同「納」），疏士而不用，是使國無富利之實，而秦無強大之名也。

（三）今陛下致（獲得）昆山之玉，有隋、和（隋侯珠、和氏璧）之寶，垂明月之珠，服（佩戴）太阿之劍，乘纖（駿馬名）

川的土地，往西併吞巴、蜀，往北收服上郡，往南攻取漢中，兼併許多的蠻夷部落，並且控制楚國，往東佔據成皋的險要地區，割取肥沃的土地，終於離散了六國合縱的聯盟，使各個諸侯爭相侍奉秦國，功績一直延續到現在。昭王得了范雎的輔佐，於是廢掉穰侯，驅逐華陽君，鞏固了王室的權力，杜絕了權貴的私人勢力，如蠶食桑葉般逐步侵吞諸侯的土地，使秦國成就帝業。以上這四位君主，都因為任用客卿而有顯著的功績啊！從這觀點來看，客卿有什麼對不起秦國的呢？假如從前這四位君王拒絕客卿而不接納，疏遠賢人而不重用的話，那麼秦國就沒有富利的事實，也沒有強大的威名啊！

（三）現在陛下您得到昆山的寶玉，擁有隋侯珠與和氏璧，掛著明月珠，佩著太阿劍，駕著纖離的良馬，豎著翠羽的鳳旗，架離之馬，建（樹立）翠鳳之旗，樹（架設）靈鼉（ㄊㄨㄛˊ）之鼓。此數寶者，秦不生一焉，而陛下說（ㄩㄝˋ，同「悅」）之，何也？必秦國之所生然後可，則是夜光之璧，不飾朝廷；犀象之器，不為玩好；鄭、衛之女，不充後宮；而駿良駃騠（ㄐㄩㄝˊ ㄊㄧˊ，駿馬名），不實外廄（ㄐㄧㄡˋ，馬房）；江南金錫不為用；西蜀丹青（顏料）不為采（彩飾）。所以飾後宮、充下陳（侍妾）、娛心意、說（ㄩㄝˋ）耳目者，必出於秦然後可，則是宛珠之簪（ㄗㄢ）、傅（通「附」，鑲嵌，動詞）璣之珥（ㄦˇ，耳環）、阿（ㄜ）縞（ㄍㄠˇ，白色生絹）之衣、錦繡之飾，不進於前；而隨俗雅化、佳治窈窕（ㄧㄠˇ ㄊㄧㄠˇ，姿態曼妙），趙女不立於側也。夫擊甕叩（擊）缶（ㄈㄡˇ，瓦罐）、彈箏搏（拍打）

起靈鼉的大鼓。這些寶物，沒有一樣是秦國出產的，可是陛下您卻喜歡它們，這是為什麼呢？如果一定要秦國所生產的然後才可以用的話，那麼夜光的璧玉就不該擺飾在宮殿上面；犀角象牙的器具，就不該成為賞玩的寶物；鄭國、衛國這些地方的美女，就不該納入後宮；駃騠這樣的良馬，就不該充滿馬廄；江南的金錫器具不該拿來使用，西蜀的丹青不該拿來彩繪。所有用來裝飾後宮、充作姬妾、娛樂心意、取悅耳目的事物，如果都一定要秦國出產的才可以，那麼鑲著宛珠的髮簪，嵌著珠璣的耳環，東阿絲綢裁成的衣服，用錦繡所製成的飾物，統統不該進呈到陛下您的眼前了；而那些時髦高雅、容貌嬌艷、體態美好的趙女們，統統都不該隨侍在陛下您的身旁。道地的秦國音樂，是敲擊瓦甕、瓦盆，彈奏秦箏、拍著大腿，嗚嗚地

髀（ㄅㄧˋ，大腿），而歌呼嗚嗚快耳者，真秦之聲也；鄭、衛、桑間、〈韶〉虞、〈武象〉者，異國之樂也。今棄擊甕叩缶而就鄭、衛，退彈箏而取〈韶〉虞若是者何也？快意當前，適觀（適宜觀賞）而已矣。今取人則不然，不問可否（才能優劣與否），不論曲直（品德正直與否），非秦者去，為客者逐。【小結論】然則是所重者在乎色樂珠玉，而所輕者在乎民人（民眾）也，此非所以跨海內、制諸侯之術（方法）也。

（四）臣聞地廣者粟多，國大者人眾，兵彊則士勇。是以（因此）泰山不讓（捨棄）土壤，故能成其大；河海不擇（挑選）細流，故能就（成就）其深；王者

唱著歌以滿足聽覺之娛；至於鄭國、衛國、桑間的歌謠，虞舜的〈韶樂〉、周武王的〈象舞〉，都是異國的音樂啊！如今陛下捨棄了擊瓦甕、敲瓦盆而改聽鄭國、衛國的歌謠，不再彈秦箏而改採虞舜的〈韶樂〉，這又是為什麼呢？只因為快意當前，適合欣賞罷了！既然如此，為什麼任用人才就不一樣呢？不問他的才能好壞，不論品德高尚與否，只要非秦國人就捨棄不用，只要是客卿就驅逐。這麼說來，陛下您所看重的是美色、音樂、珍珠、寶玉了，而輕視的是人民百姓啊！這並不是用來雄霸天下、制伏諸侯的方法啊！

（四）臣聽說有廣大的土地，就能生產豐盛的糧食；版圖大的國家，人口自然眾多；軍力壯盛，士兵就會勇敢。因此，泰山不排斥任何土壤，才能夠又高又大；河海不揀擇任何細小的水流，所以能夠又深又廣；君王

不卻眾庶（百姓），故能明（彰顯）其德。是以地無四方，民無異國，四時（四季）充美，鬼神降福，此五帝三王之所以無敵也。**小結論** 今乃棄黔首（百姓）以資（幫助，動詞）敵國，卻（退卻）賓客以業（使……成就功業，動詞）諸侯，使天下之士，退而不敢西向，裹足不入秦，此所謂藉（通「借」）寇兵（武器）而齎（ㄐㄧ，贈送）盜糧者也。

（五）夫物不產於秦，可寶者多，士不產於秦，而願忠者眾。今逐客以資敵國，損民以益讎（ㄔㄡˊ，同「仇」），內自虛而外樹怨（結怨）於諸侯，求國之無危，不可得也。

不推拒任何百姓，所以能夠顯揚他的德行。因此，地沒有東西南北之分，百姓也沒有本國外國之分，一年四季都求充實美好，鬼神也降下福澤，這是五帝三王之所以天下無敵的原因。如今（我們秦國）卻要拋棄百姓幫助敵國，斥逐賓客讓他們去侍奉其他諸侯，使天下賢人都退縮而不敢西向，遲疑腳步不敢進入秦國來，這正是所謂借兵器給寇敵，送糧食給盜賊啊！

（五）東西不是秦國出產的，值得珍藏的卻很多；賢人不出自秦國，而願意效忠的也不在少數。如今您卻要驅逐客卿去幫助敵國，減損百姓的利益，去增加敵國的力量，對內虛耗自己的國力，對外又結怨諸侯，想要讓國家沒有危險，這是不可能的事情啊！

一、下列各篇內容與其所屬文體，敘述最適當的是：

(A)〈師說〉：韓愈追述儒道先師，屬探究事物本源的論辨體

(B)〈諫逐客書〉：李斯揣摩秦王心理，陳述逐客之弊，屬奏疏體

(C)〈諫太宗十思疏〉：魏徵逐一評述太宗所提的十種治道，屬注疏體

(D)〈勸和論〉：鄭用錫為避免械鬥，代官府勸導百姓，屬上對下的詔令體

107年大學指考

（解答B）

第一章

03

狂打「先帝牌」的治國備忘錄

——諸葛亮〈出師表〉

／文本分析與解讀／

文本背景——國家存亡之際的最後諫言

西元二二一年，劉備稱帝，諸葛亮為丞相。二二三年，劉備病死，將劉禪託付給諸葛亮。諸葛亮實行了一系列政治和經濟措施，使蜀漢興盛。西元二二五年（蜀漢後主建興三年）諸葛亮親自南征，平定益州、永昌等四郡，安定了後方。西元二二六年五月魏文帝曹丕亡，同年七月孫權出征江夏，包圍石陽，不克而還，這正是蜀漢進擊中原的良機。於是，諸葛亮毅然決定出征討伐曹魏。經過一番準備，於建興五年（西元二二七年）

三月率軍北駐漢中（今陝西省漢中），準備北伐事業。可是後主劉禪庸愚懦弱，胸無大志，親佞遠賢，對諸葛亮的北伐之舉有所遲疑，這正是諸葛亮憂慮的。為了開導劉禪，妥善朝政，表明心意，激勵眾志，所以諸葛亮上了〈出師表〉。

羅貫中在《三國演義》中將孔明的足智多謀、拳拳懇摯、羽扇綸巾的形象刻劃得活靈活現，加以歷來不少作品的歌詠，如「出師一表真名世，千載誰堪伯仲間」、「出師未捷身先死，長使英雄淚滿襟」等名句，諸葛亮透過許多文人的筆墨形塑出了一個具體形象，但，這都是旁人眼中的「他」，孔明自己的身形、口吻、心境到底為何？透過〈出師表〉一文，我們或許可以一窺孔明的內心世界。（一般常稱的〈出師表〉係稱寫於蜀漢建興五年（西元二二七年）的〈前出師表〉，此外，尚有建興六年的〈後出師表〉一文，不過「後」一文是否為孔明所寫？史家有不同持論。）

〈前出師表〉的背景發生在諸葛亮準備北伐曹魏之前，當時，諸葛亮深知蜀國弱小，若想求得生存，與其坐以待斃，不如主動出擊，或許尚有機會。於是，決意率軍北進，征伐魏國。這篇文章篇幅不長，卻將諸葛亮所有關注的重點及心意言簡意賅地表現出來。由於北伐之事，勝負難料，以小擊大，更是冒險，諸葛亮對於此行是生是死，毫無把握。若戰死沙場，此文便成了遺言，於是乎，諸葛亮或許抱此心意，便將朝廷內外一切該交代的事，值得託付的人全都清楚陳列，供後主參酌，也表明自己心志，那份公忠體國的誠意，的確令人動容。

文本分析

〈出師表〉一文本不是為文學而作，竟成文學經典，除了其中的思想、內容之外，就文本寫作來看，其章法脈絡之安排，所營造的文意效果，值得玩味及細嚼。

全文前三段條理治國之策，提出建言，曉以利弊，末段則敘述己志，叮嚀再三，動之以情。試看〈出師表〉全文文意的鋪排：

段落	主要旨趣
第一段	對陛下的建議（一）：開張聖聽，察納雅言
第二段	對陛下的建議（二）：執法公允，賞罰分明
第三段	建議重用人才：某等，此乃**賢臣**→「親**賢臣**，遠小人」是興盛之因
第四段	略敘生平，感念拔擢，竭盡心志，分析情勢→望後主成全北伐一事

全文其實是諸葛亮念茲在茲的「治國之策」，「治國之策」本當以論述筆法行文，但他畢竟是臣子之姿，上表跟君王陳情得有一定的分寸與節度。因此，諸葛亮以「情感」之語，於全文進行前後包裹，開頭說：「臣亮言：先帝創業未半，而中道崩殂……，此誠危急存亡之秋。」此言說明蜀漢當時所處的危急局勢，他基於實踐先帝劉備之遺志，而打算北伐；結尾「深追先帝遺詔，臣不勝受恩感激。今當遠離，臨表涕泣，不知所云。」全文共提到「先帝」十三次，而首尾段落更是一再出現「先帝」兩字，諸葛亮此舉是為了告訴劉禪，他的一切作為都是為報答先帝劉備，其忠心及堅毅，由此可見一斑。

（一）恨鐵不成鋼──諸葛亮的老臣執念

「表」是一種上奏皇帝的應用文體。通常在上奏給皇帝的文書中，臣子態度應是很謙卑的，要把皇帝給捧得高高的，並且經常充滿稱讚之語。在〈出師表〉中，諸葛亮一改常態，他沒有把自己放到無比卑微的位置上，也沒有把皇帝吹捧至極，除了「聖聽」、「愚」等等尊君或自謙的慣用語，更多的是直言不諱的諫言，如：「誠宜開張聖聽，以光先帝遺德，恢弘志士之氣；不宜妄自菲薄，引喻失義，以塞忠諫之路也。」

上述文字諸葛亮使用了「誠宜」、「不宜」等詞彙，等於直截了當地告訴皇帝——你「應該」要做什麼，你「不該」做什麼。從此段的文字看來，似乎不見臣子誠惶誠恐拜表的模樣，反倒有著訓斥的意味。

到了第二段，作者的語氣更加嚴厲，直指皇帝在賞罰的處理原則上，出現了「偏私」的問題。「宮中府中，俱為一體，陟罰臧否，不宜異同。若有作姦犯科，及為忠善者，宜付有司，論其刑賞，以昭陛下平明之理；不宜偏私，使內外異法也。」

「不宜異同」、「不宜偏私」、「內外異法」之語，諸葛亮看來似乎只是直陳其事，但是，以臣子而言，這樣的措辭其實已經是相當嚴厲的用語了。雖然諸葛亮是劉備託孤的重臣，劉禪尊他為「相父」。但是，在當時，君臣之分際仍是不可逾越的。不過，諸葛亮巧妙透過文學技巧來修飾他的訓斥之意，最重要的是，他拿出了一張王牌：「先帝」。在文中多處，言必稱「先帝」。如此一來，所有帶著訓斥意味的話語，都不是諸葛亮個人的意見，而是先帝所囑託的；所有的應該和不該、宜及不宜，都不是諸葛亮的個人意志，而是為了實現先帝的遺志。這一點使得〈出師表〉中所有的諫言和訓斥都顯得合理了，合於身分，不會令人覺得逾越，這是諸葛亮文字功力的高妙處。

（二）一切都是因為先帝——諸葛亮的臣子謙遜

在上述的訓誡之外，其實，諸葛亮的謙遜，也是〈出師表〉中非常值得一提之處。諸葛亮說自己是「布衣」出身、「躬耕於南陽」，以此表示自己出身的低微，是社會底層的小民；此外，在提及自己長久以來為國家所做的事時，他也沒有多加說明自己的豐功偉業，而僅僅以「受任於敗軍之際，奉命於危難之間，爾來二十有一年矣。」簡單一句的敘述，把自己過往幫助劉備建立蜀中根據地的事，輕描淡寫帶過。不誇耀自己的功績。僅說因為他的謹慎，而讓先帝託孤他：「先帝知其謹慎，故臨崩寄臣以大事也。」劉備能將自己的兒子託孤給諸葛亮，應該不只是因為諸葛亮「謹慎」。用「謹慎」如此平凡的字眼，其實概括了蓋世之功，諸葛亮確實是謙虛，謙虛的自我肯定，遠比自我張揚更來得有力量。

在本篇文章中，諸葛亮身為臣子的自謙之語與忠貞叨念之詞交織，是一大特點。

（三）「親賢遠佞」與「國家興亡」是為共同體

諸葛亮為鞏固劉禪的位置並壯大蜀漢的國力，他不斷在文中埋下伏筆，希望劉禪重用他所推薦的人物，從第一段提及「然侍衛之臣，不懈於內；忠志之士，亡身於外。」（諸葛亮自己亦在列）；到第二段直接點名郭攸之、費禕、董允、向寵等賢士的優點，值得後主重用，並指出「親賢臣，遠小人。」是國家興盛的主因，將「親賢遠佞」與「國家興亡」結合，更突顯這些賢臣的特殊。到最末段，又再度提出「斟酌損益，進盡忠言，則攸之、禕、允之任也，若無興德之言，則責攸之、禕、允之慢，以彰其咎。」諸葛亮念茲在茲的心意，於此展現無遺。

這篇文章的末段可視為前面三段文字的延伸加強版，許多概念彼此呼應，前面三段條分縷析勸諫劉禪必須注意之處，末段中便提及「陛下亦宜自課，以諮諏善道，察納雅言，深追先帝遺詔。」並且，之前提及值得信賴託付的眾臣，於文末又再次述及，如此之語更見諸葛亮公忠體國之拳拳懇切。

／閱讀思辨／

一、在本文中，諸葛亮將自己與劉備的遇合及個人的感念之情（抒情的部分）放在文章最後，為什麼不考慮在文章一開始就先以情感來召喚共鳴呢？另，如果將它放在文首，是否會影響諸葛亮此篇上書的效果呢？請提出你的看法。

二、其實，就諸葛亮出師一事而言，無論北伐成功與否，對劉禪都沒有太大的意義。因為，若是成功，此役也會被視為是諸葛亮的功勞；但，失敗了卻顯現出劉禪的無能。因為劉禪無所作為，又被認為不聽諸葛亮的建議，於是，劉禪最後會落得什麼下場呢？當年，劉備於白帝城託孤，劉備曾經同意若劉禪不才，諸葛亮是取而代之的。所以，「出師」的成功與否，對於劉禪地位的保衛戰，到底有多少幫助呢？因此，就劉禪的角度來思考，對於諸葛亮出師的態度，到底該不該贊成呢？

三、讀完〈出師表〉一文之後，請以「SWOT」分析法，來判斷諸葛亮北伐出征一事，它的優勢、劣勢、機會及威脅分別是什麼呢？

／跨域思維／

老臣的難題

現代企業裡，有相當多類似諸葛亮這樣的身分者——當年與老闆、創辦者共同出生入死，打拼天下而獲得成績的老臣。等到第二代接班人繼承之後，這些老臣的存在，固然有其開疆拓土的功勳與苦勞，但，也有一種對接班人尾大不掉、難以言說的芒刺。所以，劉禪與諸葛亮之間的關係，照應當代社會情況，頗值得細細咀嚼與玩味，老臣是功高震主？老臣是倚老賣老？老臣是竭盡股肱之力呢？種種選擇與進退著實考驗人性，也讓人陷入一種弔詭的世局裡。

【原文】

(一)臣亮言：先帝創業未半，而中道崩殂（ㄘㄨˊ，去世）。今天下三分，益州疲弊，此誠（實在）危急存亡之秋（關鍵時刻）也。然侍衛之臣，不懈於內；忠志之士，亡（ㄨㄤˊ，同「忘」）身於外者，蓋追先帝之殊遇，欲報之於陛下也。誠（實在，確實，副詞）宜開張聖聽，以（用來）光先帝遺德，恢弘志士之氣；不宜妄自菲薄（ㄈㄟˇ ㄅㄛˊ，輕視），引喻失義（不恰當），以塞忠諫之路也。

(二)宮中府中，俱為一體（一個整體）；陟罰臧（ㄓˋ ㄈㄚˊ ㄗㄤ）

【翻譯】

(一)臣諸葛亮向皇上稟奏：先帝創建功業還未完成，就中途駕崩。如今天下三分，魏、蜀、吳三國鼎立，我們益州，無論財力或人力都疲乏困頓，此時正是國家生死存亡的重要關頭啊！然而侍衛的臣子，在朝廷內毫不懈怠；忠貞的將士，在沙場上奮不顧身，那是因為感念先帝對我們優寵的恩澤，而想報答在陛下您的身上啊！陛下實在應該廣泛地聽取群臣的意見，以發揚先帝的遺德，並擴展仁人志士們的勇氣；不應輕率地看輕自己，引用一些不合義理的事例來做譬喻，而阻塞了忠臣進諫的管道。

(二)皇上的宮中和丞相的府裡屬於相同

否（ㄆㄧˇ，即「陟臧罰否」，獎賞有功，處罰犯錯。），不宜異同。若有作姦犯科（法律、條文），及為忠善者，宜付有司（官吏），論其刑賞，以昭（彰顯）陛下平明之治；不宜偏私，使內外（宮廷內，丞相府）異法也。

（三）侍中、侍郎郭攸之、費禕（ㄧ）、董允等，此皆良實，志慮忠純，是以（因此）先帝簡（選擇）拔以遺（留給）陛下。愚（謙詞）以為宮中之事，事無大小，悉（全）以咨（通「諮」）之，然後施行，必得裨（ㄅㄧˋ）補闕（ㄑㄩㄝ，通「缺」）漏，有所廣益。將軍向寵，性行淑（善）均（公正），曉暢（精通）軍事，試用之於昔日，先帝稱之曰「能」，是以眾議舉寵為督。愚以為營中之事，事無大小，悉以咨之，必能使行陣（ㄏㄤˊ，軍隊）和

的公務體系，凡是所有獎懲，不應該有差別待遇。如果有為非作歹、觸犯法令或盡忠行善的人，都應該交由專門的官員來判定賞罰，以彰顯陛下您處事的公正英明；不應有所偏私，使得宮中府中在法令上有不同標準。

（三）侍中、侍郎郭攸之、費禕、董允等人，都是忠誠信實之人，心志忠貞且思想純正，所以先帝選拔他們出來，輔佐陛下。我認為宮裡的事，無論大小，都要向他們徵詢意見，然後再施行，必定能夠補救疏漏，擴大效益。將軍向寵，品性善良，處事公正，又通曉軍事，過去先帝任用他時稱讚他能幹，所以大家決議推舉他擔任都督一職。我認為軍營裡的事，不論大小，都可以向他請益，必能使營中和睦相處，無論人才的優劣都能各得其所。親近賢臣，疏遠小人，這

睦，優劣得所（人才優劣各得其所）也。親賢臣，遠（ㄩㄢˋ，遠離，動詞）小人，此先（西漢）漢所以興隆也；親小人，遠賢臣，此後漢所以傾頹（衰敗）也。先帝在時，每與臣論此事，未嘗不歎息痛恨於桓、靈也！侍中、尚書、長史、參軍，此悉貞亮（通「諒」，信也）死節之臣也，願陛下親之信之，則漢室之隆，可計日而待（指日可待）也。

（四）臣本布衣（平民），躬（親自）耕於南陽，苟全性命於亂世，不求聞達（顯達）於諸侯。先帝不以（因）臣卑鄙，猥自枉屈（指劉備降低身分拜訪諸葛亮），三顧（拜訪）臣於草廬之中，諮臣以當世之事，由是感激，遂許（答應）先

是先漢興旺強盛的原因；親近小人，疏遠賢臣，這是後漢衰敗覆滅的主因。先帝在世時，每次與臣談論到這件事，沒有不對桓、靈二帝的作為感到痛恨歎息的。侍中、尚書、長史、參軍等人，都是忠貞信實，能為國家而死的臣子，希望陛下親近他們，信任他們，那麼漢室的興盛就指日可待了。

（四）臣子我本來是個平民，在南陽耕種生活，只求在亂世中能保全生命，不想在諸侯間揚名顯達。先帝不因為我出身低賤，見識鄙陋，竟不惜降低身分而三次到草廬來看我，詢問我天下大事，因此，我非常感動，於是答應為先帝奔走效命。後來戰事失利，我在兵敗危急之時接受了重責大任，至今已經有二十一年了！先帝知道我處事謹慎，所以在臨終的時候，把興復漢室的重責交付給我。自從接下先帝的遺命以來，日日夜夜為

帝以驅馳（奔走效力）。後值傾覆（失敗），受任於敗軍之際，奉命於危難之間，爾來（那時以來）二十有（ㄧㄡˋ）一年矣。先帝知臣謹慎，故臨崩寄臣以大事也。受命以來，夙（早）夜憂慮，恐託付不效（成功，動詞），以傷先帝之明，故五月渡瀘，深入不毛（蠻荒之地）。今南方已定，兵甲（兵器鎧甲）已足，當獎帥三軍，北定中原，庶竭駑鈍（竭力善盡自己駑鈍的資質），攘（ㄖㄤˇ）除奸凶，興復漢室，還于舊都，此臣所以報先帝而忠（效忠）陛下之職分也。至於斟酌（ㄓㄣ　ㄓㄨㄛˊ）損益，進盡忠言，則攸之、禕、允之任也。願陛下託臣以討賊興復之效（責任，名詞），不效（成功，動詞），則治臣之罪，以告先帝之靈。若無

政事操心，唯恐先帝的託付沒有成效，而有損先帝的知人之明，所以在五月時帶兵渡過瀘水，深入蠻荒。如今南方已經平定，軍備也相當充足，應該要獎勵三軍並率領他們北伐中原，恢復故土，期望能竭盡我低劣的才能，攘除兇殘的賊寇，光復漢室，重回故都洛陽，這就是我用來報答先帝，效忠於陛下的職責啊！至於政治上權衡得失、掌握分寸的部分，那是郭攸之、費禕、董允他們的責任了。希望陛下能把討伐國賊，興復漢室的大事交付給我；如果不成功，就治我的罪，以祭告先帝在天之靈。如果沒有進德的忠言，那就要追究郭攸之、費禕、董允等人的怠慢之罪，以彰明他們的過錯。陛下也應該自我省察，多多徵詢治國的良方，採納正直的言論，深切追念先帝的遺願，臣子我就覺得感恩不盡了。如今就要啟程遠征，寫這篇

興德之言，則責攸之、褘、允等之慢（怠慢），以彰其咎（過錯）。陛下亦宜自課（省察），以諮（ㄗ）諏（ㄗㄡ，詢問）善道，察納雅言，深追先帝遺詔（ㄓㄠˋ），臣不勝（ㄕㄥ）受恩感激！今當遠離，臨表涕泣，不知所云。

表文時，不禁潸然淚下，心情沉重得不知自己說了些什麼。

歷屆考題

一、下列各組「」內的字，前後意義相同的是：
(A)「微」斯人，吾誰與歸／三代以下，世衰道「微」
(B)傅毅之於班固，伯仲之間「耳」／從此道至吾軍，不過二十里「耳」
(C)先帝知臣謹慎，故「臨」崩寄臣以大事也／「臨」谿而漁，谿深而魚肥
(D)以其無禮於晉，「且」貳於楚也／於案上取壺酒，分賚諸徒，「且」囑盡醉
(E)靖之友劉文靜者與之狎，「因」文靜見之可也／批大郤，導大窾，「因」其固然

108年大學指考

二、仕隱一直是古代文學作品的重要主題。下列文句，表達入仕後意欲隱退之情的是：
(A)鳥獸不可與同群，吾非斯人之徒與而誰與
(B)臣本布衣，躬耕於南陽，苟全性命於亂世，不求聞達於諸侯
(C)不向長安路上行，卻教山寺厭逢迎。味無味處求吾樂，材不材間過此生
(D)誤盡平生是一官，棄家容易變名難。松筠敢厭風霜苦，魚鳥猶思天地寬

109年大學指考（補考）

三、下列各組「」內的字，前後意義相同的是：

(A) 先帝不「以」臣卑鄙／一觴一詠，亦足「以」暢敘幽情

(B) 人君「當」神器之重，居域中之大／公笑曰：居第「當」傳子孫

(C) 客曰：飢甚！靖出「市」胡餅／匣而埋諸土，期年出之，抱以適「市」

(D) 生而同聲，長而異俗，教「使」之然也／孟嘗君使人給其食用，無「使」乏

(E) 蓋君子審己以「度」人，故能免於斯累／試使山東之國，與陳涉「度」長絜大

109年大學指考（補考）

（解答一BD、二D、三DE）

第二章

理想世界的圖騰

第二章

01

如果在亂世，遇見一處避難所

——陶淵明〈桃花源記〉

／文本分析與解讀／

文本背景——「我只做自己」的人生組曲

本文的寫作年代大約是南朝宋永初二年（西元四二一年），當時陶淵明已經五十七歲。他不願意因為作官而委屈了自己的自由個性，退隱以後，通過〈桃花源記〉和〈桃花源詩〉的組曲，表達了自己的人生態度與理想。

〈桃花源記〉文章一開頭，點明事件的時間，是東晉太元年間，又敘述主角是武陵人，職業是漁人。作者為什麼要這樣具體地交代「人物、時間、地點」呢？這些敘述可不可以刪除或是省略呢？答案是「不可以」，因為，這是為了突出文本中事件的真實性，讓讀者相信確有其事。事實上，此文表述的是陶淵明的理想世界，是有點超越現實的性質，但，超現實的理想境界往往是迷人的、吸引讀者的。如果，在超現實的基底之下，又強調情節內容的可信性，一切彷彿煞有介事，那就更能吸引讀者一窺究竟的想望。而強調可信的辦法，除了事件發生的時間、地點能夠具體呈現之外，其他如：事件年代、皇帝的年號、事件過程的合理描述、人物風俗的真切等等，也是取信於讀者的重要敘述。

文本分析

（一）真假莫辨產生的獨到性與理想美

強調時間、人物的可靠性，事件內容的真實感，這是本文寫作上的一個特點。另一特點則是，強調地點的不確定性及神祕性。先是，這個以捕魚為業的人，緣溪行，就在自己日常工作的地方，忘記走了多遠的路，進而意外地、偶然地遇到桃花夾岸的景觀，這可能是桃花夾岸的風光太迷人了吧？又或者是這個漁夫有點迷迷糊糊，要不，怎麼會在自己已熟悉不過的尋常工作場域「忘路」及「偶遇」？這種玄妙之筆自然增加了文本的神祕感，如此的神祕難測，當然也是為文末南陽劉子驥找不到路一事預作伏筆。後來，更奇異的是，桃花林盡處有水源，水源處有一座山，山又有洞，並且，這洞口不是幽暗的，而是彷彿若有光，山口又很小，「纔通人」而已，這樣的場景鋪排吸引了好奇的漁人往更遠更深處走去，當然，如此的敘述更是吸引讀者的好奇。

終於進入桃花源內了，桃花源畢竟是個理想的境界，可，所謂「理想」究竟在何處呢？作者陶淵明如何表現桃花源的獨到性與理想美呢？

首先，通向桃花源的沿路環境非常優美：美在桃花，美在流水，美在有一點神祕。「山有小口，彷彿若有光。」完全符應「別有洞天」之感。

第二，這裡的住民農耕興旺，日常生活安康、幸福、靜美（黃髮垂髫，並怡然自樂）。

第三，此處之所以如此安寧（與外人隔絕），因為這裡是避亂（避秦時亂）之地。此處的「亂」字，意涵深刻，一是秦時之亂，當初桃花源人是因為逃避秦亂而避居於此；其次，從秦以後直到晉朝為止，歷史上至少還有東漢末、三國、魏晉時期的征伐和戰亂，桃花源中的人卻對外在世界一概不知，作者這樣的寫法，隱隱然有諷喻當時時政或社會現象之意。

第四，桃花源的理想性還有什麼呢？這裡的人民超越於政權之更迭，完全不知道秦以後的改朝換代（不知有漢，無論魏晉），出來接待漁人的都是普通百姓、尋常人物，政府官吏或是政治制度於此全然消聲匿跡，就像王安石詩裡說的「兒孫生長與世隔，雖有父子無君臣。」更有一種古詩〈擊壤歌〉所言之況味：「日出而作，日入而息。鑿井而飲，耕田而食，帝力於我何有哉？」桃花源裡的日子是一派安寧。

第五，桃花源裡的人際之間，不見有任何利害的爭奪，人情關係是和諧的，於是，一聽說村裡來了外人，便熱情招待，而且是家家戶戶輪流地招待（便要還家，設酒、殺雞、作食）。

第六，桃花源的境界之妙就是「與世隔絕」。漁人臨別之時，村人表示「不足為外人道也」，告知漁人不要告訴其他人關於桃花源的點滴。「不足為外人道也」於此有多重意義：其一，此處僅是一個純樸的農村，不值得對外人提起；其二，這樣與世隔絕的的境界是很神祕的，不可以對外隨便談起。

（二）沒有「描寫」，只淡筆幾畫構築的烏托邦

這篇文章之所以經典，除了其中的烏托邦理想社會以外，還有一個原因，就是它的

語言文字精粹而簡練。本來，描寫一種理想的境界，最容易使用的手法應該是「形容、渲染和感嘆」。但是，陶淵明的文風卻不是這樣。首先，這個主人翁漁夫的出現就很平實，不過是「武陵人，捕魚為業，緣溪行，忘路之遠近，忽逢桃花林。」此處以純然「敘事」的方式呈現，沒有「描寫」。不過，到了意外發現桃花林時，這樣驚喜的發現是不能不描寫了，但是，陶淵明文字一貫輕盈、簡略：「夾岸數百步，中無雜樹，芳草鮮美，落英繽紛。」這是點題的景觀，也是情節發生的要素，是漁人「詫異」之所在，本該是描寫的重點，可以大筆濃墨、用力揮灑，但，陶淵明在此處仍然沒有鉅細彌遺地描寫細節，而是淡淡的敘述，真正稱得上描寫的，僅是「落英繽紛」這麼一句，這就是陶淵明式的書寫工夫，只抓住一個細節「落英繽紛」，不加渲染，不先寫景色遠觀如何，不說近看如何，更不寫桃花與桃葉如何在光影中相映、如何在風中搖曳等等。

陶淵明在本文中以一種淡筆寫美好，所用的幾乎全是「概括式」的敘述，例如：「土地平曠，屋舍儼然，有良田、美池……」是一種現象羅列式的表述，本來，這些關於桃花源內的實際景觀，就是以細筆描寫、深度刻畫、特寫建置，也不為過，但是，陶淵明卻堅決回避了。又如：描寫漁夫的心理，也是簡潔的一句「漁人甚異之」，以五個字交代；寫到桃花源中人物的心理也一樣「見漁人，乃大驚。」連一點嗟嘆形容都沒有；等到村民聽漁人講述外面世界的種種時，也僅以「皆嘆惋」輕輕帶過桃花源中人的情緒。

文章末段提及的隱士劉子驥，於《晉書．隱逸傳》有記載，名叫劉驎之，可見，這是確有其人，仔細探究，他應該也是與陶淵明同調的高潔之士。把這個有名有姓的人物寫出來，主要也是強調桃花源故事的真實可靠。所以，〈桃花源記〉的獨特性就在於：全文呈現一種真實可靠與撲朔迷離的統一。如果劉子驥稱得上是與陶淵明同調之人，為什麼他會找不到呢？這個答案〈桃花源記〉中沒有正面回答。但是，從文章的邏輯脈絡，我們可以探究出線索。這個漁人，違反了桃花源中人的意志，人家明明白白告訴他「不足為外人道也」，可，他一出桃花源，「處處誌之」（可見漁人是有預備再返回的），接著又向官府報告，這實在是犯了大忌，桃花源之妙正在於沒有官員的無政府狀態，才臻於理想，一經官府參與，當然就找不到了。

（三）生活枯槁但生命藝術的詩人

陶淵明所期待的一種美好的理想境界，是無意得之，若有意去追求，可能毫無所得。其最高境界，就是「怡然有餘樂，於何勞智慧。」的那種身心放鬆、遠離官場、不受世俗政治干預的理想狀態。

總體而言，陶淵明所刻劃的「桃花源」並非是渺遠深邃、高蹈難企的境界，桃花源是平實且靜謐的，既不耀眼，也不絢麗，桃花源裡的人衣著素樸，耕種自足，沒有心機，熱忱待人，與漁夫自在的交談，而這樣的農村對於身處東晉紊亂社會的陶潛而言，竟是難得的想望。其實，陶淵明所追求的，不過是平凡、平實、平靜的生活。但，這樣的簡單理想，在當時社會，卻是難以得到的奢求，於是，他刻意安排了太守欲訪桃花源，無功而返；而素有高尚清譽的隱士，也興致勃勃計畫前往，但，終歸失敗了。陶淵明為何要在故事的結局安排兩個人刻意尋找桃花源又都鎩羽而歸呢？因為，他想藉此反諷機關算盡的聰明誤事，而簡單平凡才是真正的生活之道與生命之路。

閱讀思辨

一、許多人對於陶淵明的桃花源故事深感興趣，一個無心插柳的漁夫誤入桃花源世界，不過，那裡並非奇山異水、金沙鋪地，而是「土地平曠，屋舍儼然。有良田、美池、桑、竹之屬，阡陌交通，雞犬相聞。其中往來種作，男女衣著，悉如外人。」其實，真正說來，陶淵明筆下具體可見的桃源自然與人文風光並不特殊，也不奇異，甚至可以說是普通，這樣的景色在當代社會仍然可見，既然如此，陶淵明這樣寫的目的是什麼？

二、另外，桃花源記的真實虛假問題一直是許多讀者津津樂道的話題，請從文中的字句判斷，何者為虛？何者為實？你如何看待這樣虛實真假交錯的寫作手法呢？

／跨域思維／

你心中的桃花源

曾經，你所以為的「理想世界」是什麼形貌？是金沙鋪地？是流奶與蜜的應許之地？還是……？記得小時候讀過一個德國格林童話故事「糖果屋」，自此，「糖果屋」裡那唾手可得、永不斷絕的糖果及餅乾，一直是年幼時期垂涎的想像，也是心中夢想的「桃花源」。每個人心中都有一座「桃花源」，「桃花源」應當是和個人現實生活相反的想像之境，因為人類往往經歷現實的艱困及夢想的難覓，才會產生美麗的揣想與期待。

二十一世紀的現代，科技的進步，已經帶領我們超越時空的限制，開拓想像的邊界，登陸月球、躍上火星，都成了真實；於是，今人與前人的生活經驗及未來想像迥然不同，你對「桃花源」有什麼想像與看法呢？你自己理想的桃花源又是什麼呢？

【原文】

（一）晉太元中，武陵人，捕魚為業，緣（沿著）溪行，忘路之遠近（偏義複詞，「遠」），忽逢桃花林。夾岸（兩岸）數百步，中無雜樹，芳草鮮美，落英（花）繽紛，漁人甚異（感到奇異）之。復（又）前行，欲窮（窮盡）其林。林盡水源，便得一山。山有小口，彷彿若有光，便舍（ㄕㄜˇ）船，從口入。

（二）初極狹，纔（ㄘㄞˊ，通「才」）通人，復行數十步，豁然開朗。土地平曠，屋舍儼然（整齊貌）。有良

【翻譯】

（一）東晉孝武帝太元年間，武陵郡有一個人靠捕魚為生，有一天，他順著溪流划船前行，忘記划了多遠的路，突然眼前出現一片桃花林。小溪兩岸數百步之內，除了桃花樹，沒有其他樹種，地上碧草如茵，落花交錯紛雜，十分美麗，漁夫對這樣的美景感到好奇。又繼續往前划行，想要走完這片桃花林。桃花林的盡頭，就是溪流的源頭，那裡有一座小山。山上有個洞口，隱隱約約透出光亮，漁人於是下了小船，走進洞口。

（二）山洞起初很狹窄，僅能容一人通過，又走了數十步之後，整個視線一下子開闊明朗起來。只見土地平坦廣袤，房舍排列整

田、美池、桑、竹之屬（類），阡陌（田間小路）交通（交互相通），雞犬相聞。其中往來種作，男女衣著，悉（全）如外人，黃髮（老人）垂髫（ㄊㄧㄠˊ，小孩）並怡然自樂。見漁人，乃（就）大驚，問所從來，具（詳細）答之，便要（ㄧㄠ，同「邀」）還家，設酒、殺雞、作食，村中聞有此人，咸（都）來問訊。自云：先世避秦時亂，率妻子邑人來此絕境（與外界隔絕之地），不復（再）出焉，遂與外人間隔。問今是何世？乃（竟然）不知有漢，無論（更不用說）魏、晉！此人一一為具言所聞，皆歎惋。餘人各復延至其家，皆出酒食。停數日，辭去，此中人語（ㄩˋ，告訴）云：「不足（不值得）為外人道也。」

齊。有肥沃的土地，清澈的池塘，錯落有致的桑竹，田間小路交錯相通，處處都可以聽到雞鳴狗吠的聲音。在其間來來往往辛勤耕種的人，不論男女，他們的穿著和外界的人一樣，老人和小孩都怡然自得，非常快樂。大夥看見了漁人，都非常驚訝，便問他從哪兒來，漁人據實回答，村人便邀請漁人到他們家中作客，準備酒食，殺雞，做飯來招待他，村民聽說來了個外人，紛紛來打探消息。村民說：他們的祖先為了躲避秦朝的暴亂，於是帶著妻子兒女和同鄉來到這個與世隔絕的地方，從那時候開始就再也沒有出去過了，於是就和外界隔絕了。問現在是什麼年代？他們竟然連漢朝都不知道，更不用說魏、晉了！漁夫便把自己所知道的詳細地告訴村民，他們聽了之後都相當的感慨驚歎。其他的村民也各自邀請漁人到家中作客，並

（三）既出，得其船，便扶向路，處處誌之。及郡下，詣太守，說如此。太守即遣人隨其往，尋向所誌，遂迷不復得路。南陽劉子驥，高尚士也，聞之，欣然規往，未果，尋病終。後遂無問津者。

扶向：沿著先前
誌：記，動詞
詣：一ˋ，拜見
向：先前
誌：記號
規：計畫
往：前往
果：實現，動詞
尋：不久
問津：問路

準備酒菜招待。漁人停留了幾天後就告辭離開了，臨走前，村民對他說：「這裡面的一切情況不值得對外面的人提起。」

（三）漁人出來之後，找到自己的船，就沿著先前來時所走的路，處處做記號。一回到郡城裡，漁人馬上去拜見太守，報告這件桃花源奇遇。太守立刻就派人跟他一起去，尋找先前所做的記號，竟然迷失了方向，找不到那條路了。南陽名士劉子驥是個品德高尚的人，他聽說了這件事情，高興地計畫前往，也未能實現成行，不久就病死了。後來，就再也沒有人去尋訪桃花源了。

歷屆考題

一、關於下列文句的意涵，敘述適當的是：

(A)「阡陌交通，雞犬相聞。其中往來種作，男女衣著，悉如外人」：桃花源中交通發達，人來人往，聲音嘈雜

(B)「蓋周廣百畝間，實一大沸鑊，余身乃行鑊蓋上，所賴以不陷者，熱氣鼓之耳」：硫穴地勢低窪，宛如置身鍋底般炎熱

(C)「蒼然暮色，自遠而至，至無所見，而猶不欲歸。心凝形釋，與萬化冥合」：天色漸暗，卻流連忘返，進入忘我境界，與大自然合為一體

(D)「草澤群雄，後先崛起，朱、林以下，輒起兵戎，喋血山河，藉言恢復，而舊志亦不備載也」：朱、林以「反清復明」為藉口，清廷視為叛逆，舊志記載不詳

(E)「近日士大夫家，酒非內法，果、肴非遠方珍異，食非多品，器皿非滿案，不敢會賓友；常數月營聚，然後敢發書」：士大夫家宴客，竭盡心力張羅，顯示待客之真誠

108年大學指考

（解答CD）

第二章

02

天下是大家的！

——《禮記．禮運．大同與小康》

／文本分析與解讀／

文本背景——亂世中對烏托邦的渴望

人類對於理想世界的追求，不分古今時空，也沒有中外地域之別。西方的「理想國」、「烏托邦」、「香格里拉」，東方老子的「小國寡民」、陶潛的「桃花源」、孔子的「大同世界」都標誌著人生裡對於美好境界的一種想像。

〈大同與小康〉一文其實是節選自《禮記》書中的〈禮運〉篇，俗稱〈禮運大同篇〉。孔子身處春秋末期的混亂世局，面對禮樂崩壞、世衰道微的社會，無可奈何之際，遂生發出對大同之治的五帝時期與小康之治的三代時期（夏商周）之嚮往。

大同世界裡天下為公（天下是眾人共享的），人們「不獨親其親，不獨子其子。」而小康世界天下為家（天下是天子可以世襲的產業），各人為自己的利益謀畫，於是發展出一套禮義制度來作為綱紀（禮義以為紀），以確立社會各組織階層得以運行得當且順利。

映照歷史與現實，孔子所處的時代，魯國已「禮崩樂壞」，對比孔子沒能趕上的「三代之英」時代以及「天下為公」的堯舜時期，孔子發出了感嘆，以當時「禮崩樂壞」的現實反襯「禮義以為紀」之重要性。

在現實和歷史條件下：既然「天下為公」的「大同」不能實現，遂轉變成「天下為家」之「小康」。文中提及小康時期，社會上是依照禮義運作而「正君子、篤父子、睦兄弟、和夫婦。」展現一派祥和之氣，此語更與孔子對春秋時期禮制淪喪的嘆息遙相呼應。

在大道既隱的時代，社會對於人的自發性會加以約束，並訂下規矩，這個規矩即為「禮」，「禮」的功能是要約束人性，「禮」是森嚴的、是永恆的標準。

若要在小康之後再加上一個區段來標註孔子所處的時代，我們嘗試提出「大同→小康→亂世」這樣的脈絡譜系，孔子所處的春秋時代屬於「亂世」。於是，一路從天下為公的大同世界，到大道既隱的小康世界，最後是春秋以降的亂世，凡此，構成了〈大同與小康〉一文的時代背景。

文本分析

全文從「孔子嘆魯」開始，孔子之嘆其實是嘆息「理想之難尋與難得」。孔子寫這篇文章運用對照的手法，將大同與小康兩者的政治制度、社會制度、階層關係，還有經濟現象等進行比較，我們嘗試以表格整理，便能清楚地看出兩者的脈絡與差異。

世界圖騰	制度型態
大道之行 大同世界 （德治）	（五帝時期）天下為公： **政治制度**：選賢與能，講信修睦。 **社會制度**：故人不獨親其親，不獨子其子；使老有所終，壯有所用，幼有所長，矜、寡、孤、獨、廢、疾者皆有所養。男有分，女有歸。 **經濟制度**：貨惡其棄於地也，不必藏於己；力惡其不出於身也，不必為己。 **治安層面**：謀閉而不興，盜竊亂賊而不作，故外戶而不避。

小康世界
（禮治）

（夏商周——禹湯文武成王周公）天下為家：

政治制度：大人世及以為禮，城郭溝池以為固，禮義以為紀——以正君臣、以篤父子、以睦兄弟、以和夫婦、以設制度、以立田里、以賢勇知、以功為己。

社會制度：各親其親，各子其子，貨力為己。

治安層面：謀用是作，而兵由此起。

〈大同與小康〉一文載錄孔子的話語，文章結構屬於長篇表述，語言對比鮮明，因果邏輯充分，結構首尾呼應，文字上使用映襯和排比的句法，具備論說文的規模體制。然而，將之與《論語》對照，我們發現《論語》一書中並沒有出現這樣體式的論說文，孔子甚少如此系統性地論述自己的理念；孔子總是從具體的人、事出發，以近身之事例為喻，然後，加以引申及結論。語錄體的《論語》和論述類的《禮記》在體制上明顯有別，從《論語》中，我們看到孔子論述的節奏是：即事而言，就事而論，其意義不在具體的事，而在抽象出來的哲思，並且從個別性到普遍性。

再者，孔子的思維及表述，不只停留在所見的那一面，而是將之相反的部分一併聯繫起來。如：性近和習遠，溫故和知新，君子和小人，好德和好色，學和思，善事和利器，身正和身不正等等，都是從正面聯繫到反面，從片段到全體，從表象到深層。並且，藉由突出對立面來彰顯主旨，如言和行，主要凸顯「行」；德和色，主要凸顯「德」；故和新，主要是「新」；身正和身不正，主要是「身正」。孔子的不朽及其偉大，不僅在於他的思想，更在於他的方法，以當代思維而言，我們可以說孔子論述的方法很辯證、很科學。其思想與方法的一致，使得他的短語，變成了超越空間和時間的格言，許多話語今日仍然活在大家的口頭語和書面語上。如：「性相近也，習相遠也；溫故而知新；君子之德風，小人之德草；工欲善其事，必先利其器；過猶不及。」

〈大同與小康〉是《禮記．禮運》中孔子和子游的一段對白，不是片段，而是具有獨立成篇的主題，結構完整、邏輯嚴密。這樣的文章體式顯示出後代儒者聚合、補充及統整孔子的思想，並且將語錄體昇華成論述體的跨步。

（一）人類世界共通的理想社會

《禮記》雖融入後世漢儒思想，但它的基本觀念都可在《論語》中找到淵源。〈大同與小康〉開宗明義第一句「大道之行也」的「道」，在《論語》中屬於關鍵詞，如：「道不行，乘桴浮於海。」（《論語．公冶長》）。孔子的「道」是一種以「仁」為本位的政治社會和人倫有序的理想。〈大同與小康〉中的「老有所終，壯有所用，幼有所長，矜、寡、孤、獨、廢、疾者皆有所養。」可從孔子的自言其「志」的「老者安之，朋友信之，少者懷之。」（《論語．公冶長》）得到佐證。「選賢與能，講信修睦。」則是「人而無信，不知其可也。」（《論語．為政》）的演繹。至於「人不獨親其親，不獨子其子。」則脫胎自《孟子》的「老吾老，以及人之老；幼吾幼，以及人之幼。」（《孟子．梁惠王》）。至於「貨惡其棄於地也，不必藏於己；力惡其不出於身也，不必為己。」，則是把人性本善，為天地蒼生立命的想法推展到極致。並且人格上沒有自利動機，只有無條件的奉獻精神，人人各盡其力，各得其所，因而人與人之間就不存在陰謀詭計，社會上沒有偷盜動亂，連大門都不用關閉。整個社會沒有矛盾，沒有衝突，所有的人都平等互愛、同心同德。因為「同」是絕對的狀態，所以稱為「大同」。這樣理想社會和人格藍圖，是生活在戰亂頻仍時代的孔子難以想像的。故孔子說：「大道之行也，與三代之英，丘未之逮也，而有志焉。」其中，三代之英是說夏、商、周三代英明的統治者，指的是禹、湯、文、武、成王、周公等人，他們所處的是「小康時代」。事實上。無論是大同或是小康之境，孔子承認，他並沒有直接見到或經歷過，只是從文字記載中看到。

上述大同世界所言的美好社會藍圖和人格世界，在觀念上，顯然比孔子的「道」更為理想化，所以稱之為「大道」，其根本精神被概括為「天下為公」。

（二）多層次的PK，展現大同與小康的差異

〈大同與小康〉一文雖然以孔子與弟子言偃（字子游）兩人的對話形式出現，但是，它不像《論語》那樣是即興式的對話，更像是一篇節選的完整文章。

它的完整性首先表現在邏輯的周延上，全文的框架是一以貫之的因果邏輯：因為傳說中行「大道」的「天下為公」之「大同」社會不復見了，理想的人倫消失了，所以產生了行「小康」之「天下為家」的社會；因為「天下為家」的社會裡人類呈現私心，所以需要能夠擔負且約束人性的「禮」之存在。這種因果關係的論述是有力且具說服性；其次，此文邏輯框架的序列性，更展現在它多層次的系統性對比上。我們可從以下幾個層次的對比來看：

宏觀層次的對比：「大同」與「小康」兩種世界的鮮明對比。

各細部屬性的對比：大同社會：（1）天下為公，人不為己，所有人皆手足至親；（2）沒有私有財產和私心，相互誠信，沒有陰謀詭計；（3）老者和少者，男性和女性，

強者和殘者，各安其生；（4）沒有偷盜和賊亂，外戶不閉；（5）人與人是平等的，超群的智者是自然而然地推舉出來的；而小康社會則相反：（1）天下為「家」，人人各親其親；（2）「貨力為己」，財產和權力成為私有的；（3）以城郭溝池來保衛自己的家產和權力，人有私心，不但有了陰謀詭計，而且有了軍事暴力（故謀用是作，而兵由此起）；（4）人與人變得不可信了，所以要講究「禮」，並建立制度，「以考其信」，對有過的要警示（著有過），要以仁德為典範，講究禮讓（刑仁講讓）；（5）建立了君臣、父子等人倫關係；若違反禮制，還有法律懲罰。

管理角度的對比：在大同社會裡，人是不用管理的，也可以說，是沒有政府的；而在小康社會中，人是要需要管理及約束的。那麼，該用什麼來管理呢？用「禮」，這種「禮」往往與「樂」結合著，並有某種「自律」的性質，但是，更多時候，帶著行政的強制性。

有力史例的對比：一是「三代之英」（夏商周）的六位英明君主「禹、湯、文、武、成王、周公」，「此六君子者，未有不謹於禮者也。」而「如有不由此者，在埶者去，眾以為殃。」這就是「湯武革命」推翻了不守禮的夏桀、商紂，此乃明君與昏君的對比，說明「以禮治國」的重要性，也間接闡釋出安定的小康社會是如何創造出來的。其二是歷史與現實的對比，孔子所處的時代，魯國已「禮崩樂壞」，對比孔子沒能趕上的「三代之英」時代以及「天下為公」的堯舜時期，孔子發出了感嘆（蓋嘆魯也），以當時「禮崩樂壞」的現實反襯「禮義以為紀」之重要性。

（三）對比的邏輯力量與對稱的語言之美

本文呈現語言的高度精緻性，大幅度的對稱句法：「選賢與能，講信修睦；不獨親其親，不獨子其子；老有所終，壯有所用，幼有所長；矜、寡、孤、獨、廢、疾者，皆有所養；男有分，女有歸。」並且，長句也是採對比及對稱之姿，如：「貨惡棄於地也，不必藏於己；力惡其不出於身也，不必為己。謀閉而不興，盜竊亂賊而不作，故外戶而不閉。」

全篇的主要部分，除了連接句子和句子之間因果關係的詞語（故、使、是故、是謂、而、由此、如有）以外，幾乎都是對稱句法，其中最長的主語「矜、寡、孤、獨、廢、疾者」，最後落實在「皆有所養」，以與前面曾提過的「老有所終，壯有所用，幼有所長。」相呼應，這樣的寫作手法，不但沒有破壞對稱的嚴整，反而因為節奏稍變、伸縮文句，更顯出文氣起伏。到了全文的後半篇，句法仍有相類似的對稱，長句與短句的變化更造成氣勢跌宕，如：「各親其親，各子其子。大人世及以為禮，城郭溝池以為固，禮義以為紀。以正君臣，以篤父子，以睦兄弟，以和夫婦，以設制度，以立田裡，以賢勇知，以功為己。以著其義，以考其信。」

如此連續的對稱和排比句法產生了富有氣勢的藝術效果，這樣高密度的對稱並沒有顯得單調，原因在於，和本文前半部一樣，文中間或有長句、散句插入，於統一中又有變化，如「禹、湯、文、武、成王、周公，由此其選也。」在句法上，此句看來沒有對稱，但語義上落實到「此六君子者，未有不謹於禮者也。」的時候，我們又可以看出它們在內涵上是以「禮」為關鍵詞和核心意涵進行連結與貫穿。

而這樣的對稱，不單單是句子之間對稱，甚至在結構上，將此段的前半和後半對稱，對稱呈雙重性。前文「大道之行也，天下為公。」與後文「今大道既隱，天下為家。」句法上雖然不完全對稱，但在意涵上是對稱的。在共相的相似中，又各自能展現殊相，這是思維邏輯的高度凝鍊之展現。

其次，文章的精采還在於「節奏」，除了成系列的對稱和排比所帶來的節奏之美外，節奏之美又表現在全文絕大部分的句式為四言，間以對稱的六言，偶爾雜以不對稱的七言，乃至九言。句式顯得既統一又參差有落。即使是以四言為主的對稱句中，也有微妙的變化，如：「大道之行也，天下為公。」此句，本來這個「也」字可以刪除為「大道之行，天下為公」，於義無所害，但是，有了這個「也」字，語氣就顯得豐富，而且與後面的少了一個「也」的「今大道既隱，天下為家。」兩相比較，細心的讀者不難感覺到，前文隱含著「神往」，後文流露出「無奈」。

以上各點可以看出本文的句法和節奏之安排，透露出先秦記言、記事為務的質樸風向，轉到漢代賦體鋪張形容的過渡歷程，同時，對「禮」如此反覆、詳細之論說，也是藉此強調「禮」之重要。

／閱讀思辨／

一、「大同時期」與「小康時期」在國君人選的決定上有何差別？

二、大同世界是「理想世界」，那麼它的「理想狀態」是什麼？小康是「現實世界」，現實世界的考量是什麼呢？

三、大同是以道德為基礎自覺而形成的秩序社會（德治社會）；小康是以利益分配和禮義為基礎而形成的秩序社會（禮治社會）？你喜歡哪一種社會形態？

四、大同與小康都是孔子的理想世界嗎？大同與小康都是儒家思維下，所依循建制的社會體制嗎？

／跨域思維／

理想的生活藍圖

在此文中，孔子的言語中充分表達了對於理想消逝、大同世界已無法達成的感慨，以及對小康之治的惋惜，小康世界雖不算太壞，卻也不是最完美。從古至今有不少人曾經對世界有著各自憧憬的樣貌，如柏拉圖的著作《理想國》，以及英國托馬斯．摩爾的《烏托邦》。

《理想國》一書用對話體的方式探討正義、政治、法律、城邦、軍隊乃至於慾望等多個議題，以此形塑出一個理想、完美的城市，並且內容圍繞著一個中心問題：什麼是正義？而《烏托邦》一書從生態、經濟、政治、法律、宗教及科學等方面描繪出一個理想的群體和社會的構想。〈大同與小康〉一文亦充分展現了孔子對於理想世界的期望與追求。由此可見，不論是向前望或往後看，所有社會對於現在、過去、未來的「美好地域」之想像，都有自己的願景。然而想像的背後，這種社會真的存在嗎？

或是，它適合存在嗎？

以〈大同與小康〉一文的標準來對比當今社會的話，我們大約是處於小康的概念中，人們奉養自己的父母、愛護自己的兒女、控管自己的生產與財務，並且由法律規範著人們的外在行為，使其不觸犯法律而不受刑罰。正因為這樣的模式才能讓我們的社會是有秩序、有條理的，由此看來小康之治對於現代社會的我們來說，或許是最合適的。

如今我們的生活，每個人行走的腳步愈來愈急促，人與人之間卻愈來愈疏離，若是我們不將孔子所嚮往的大同世界當作必須達到的標準，僅僅是在日常生活之餘、能力所及之時，才偶爾將別人的事當成自己的事，才想起要利己兼善，這不是長遠之計。如果我們可以將孤苦無依、失業無援、身心障礙者等關懷議題予以制度化且永續化，便能真正達到「老有所終，壯有所用，幼有所長，矜寡孤獨廢疾者皆有所養。」的境界並且完成這樣的生活藍圖：每個人都對各自的生活努力，而有困難的人在社會的輔助下，也能得到安穩生活的方式。唯有透過許多人的覺知與共識，一起努力，屏除過多的私慾，才能使這個社會更接近理想化的境界。

（創意共享：彰化師大國文系陳靜雯、黃唯甄）

文本閱讀

【原文】

(一)昔者，仲尼與於蜡賓，事畢，出遊於觀之上，喟然而歎。仲尼之歎，蓋歎魯也。言偃在側曰：「君子何歎？」

(二)孔子曰：「大道之行也，與三代之英，丘未之逮也，而有志焉。大道之行也，天下為公：政治制度 選賢與能，講信修睦。故人社會制度 不獨親其親，不獨子其子；使老有所終，壯

- 與：ㄩˋ，參與
- 蜡：ㄓㄚˋ，歲末大祭
- 觀：ㄍㄨㄢˋ，宮闕
- 蓋：大概
- 偃：ㄧㄢˇ
- 大道之行：五帝時代
- 三代：夏商周
- 逮：ㄉㄞˋ，趕得上，動詞
- 志：記載
- 與：通「舉」，動詞
- 不獨：不只有
- 親其親：親愛自己的親人

【翻譯】

(一)從前，孔子參加魯國的歲末大祭，並且擔任助祭者，祭祀完畢，走到宮門外，在宮闕上參觀，非常感慨地歎息起來。孔子的歎息，大概是為了魯國而慨歎吧！弟子言偃陪侍在旁，問孔子說：「老師您為什麼歎息呢？」

(二)孔子說：「大同政治施行的世代，和夏、商、周三代賢君當政的小康時期，我都沒能趕上，但從古書的記載上可以知道當時的情況。大同政治施行的時候，天下是眾人所共有的：社會上選用賢才，拔擢能人；講求信用，倡導敦睦。所以，人們不只孝敬自己的父母，不僅愛護自己的子女；老

有所用，幼有所長，矜（ㄍㄨㄢ，通「鰥」，老而無妻）、寡（老而無夫）、孤（幼而無父）、獨（老而無子）、廢、疾者皆有所養。男有分（ㄈㄣˋ，職業），女有歸（歸宿）。貨惡（ㄨˋ，厭惡）其棄於地也，不必藏於己；力惡其不出於身也，不必為己。是故謀（計謀）閉而不興，盜竊亂賊而不作（興起），故外戶而不閉，是謂『大同』。

經濟制度

（三）今大道既隱（隱沒），天下為家（個人家產），各親其親，各子其子，貨力為（ㄨㄟˋ）己，大人世及（父死子繼，兄終弟及）以為禮（制度）。城郭溝池以為固，禮義以為紀（綱紀）。——以正（端正）君臣，以篤（篤厚）父子，以睦兄弟，以和夫婦，以設制度，以立（制定）田里，以賢（動詞，尊崇）勇知（ㄓˋ，通「智」），以

年人都得以安享天年，壯年人能發揮所長，貢獻社會，年幼之人也能獲得好的照顧而順利成長，那些鰥夫、寡婦、孤兒、沒有子女的老人家，以至殘廢有病的人，亦能得到妥善看護。男子都有適當的工作，女子都有歸宿的家庭。不想讓財貨資源白白浪費丟棄在地上，但也不必據為己有；不希望個人的心力沒有發揮的空間，但也不是只考慮自己的利益。因此，陰謀詭計就不再興起，盜竊亂賊不法的勾當也不會發生，於是，外邊的大門就可以不用關閉了。這就是所謂的『大同』世界。

（三）後來大道無法再實現了，天下成為一家一姓的財產，人人只孝敬自己的父母，只愛護自己的子女，資源的開發和勞力的付出，都只為了自己的利益，在位者以父死子繼或兄終弟及的方式來傳承位置。以建築城

功為己。故謀用（謀略巧計）是作，而兵由此起。禹、湯、文、武、成王、周公，由此其選也。此六君子者，未有不謹於禮者也。以著（ㄓㄨˋ，明示）其義，以考其信，著有過（過錯），刑（通「型」，動詞，典型）仁講讓，示（昭示）民有常。如有不由此者，在勢（在位）者去，眾以為殃（禍害），是謂『小康』。」

郭壕溝來鞏固領土，並且以禮義作為一切的綱紀─用來端正君臣的名分，用來篤厚父子的情誼，使兄弟關係和睦，讓夫妻關係和諧，並依此設立各種制度，劃定田里界域，表彰勇敢與聰明的人，也獎勵為在位者效力的人。如此一來，陰謀詭計就應運而生，而戰爭也因此連續不斷。夏禹、商湯、周文王、周武王、周成王和周公，都是推行這種禮義教化的代表人物。這六位賢君，沒有一個不是嚴守禮制治國的。他們以禮來確立百姓行事的標準，以禮考驗百姓是否誠實守信，也以禮來明示人們的過錯所在，以仁愛為典型，講求謙讓，昭示人民生活的一切常規。如果有人不遵行這套規範，即使是有權有勢的，也會被免職，而眾人也都會視為禍根。這就是『小康』世界。」

歷屆考題

一、下列畫底線的文句，是進一步解釋前句「　」內所述之內涵的是：

(A) 前闢四窗，垣牆周庭，「以當南日」，日影反照，室始洞然

(B)「友從兩手，朋從兩肉」，是朋友如一身左右手，即吾身之肉

(C) 吾日「三省吾身」，為人謀而不忠乎，與朋友交而不信乎，傳不習乎

(D) 主上「屈法申恩，吞舟是漏」，將軍松柏不翦，親戚安居，高臺未傾，愛妾尚在

(E) 今「大道既隱，天下為家」，各親其親，各子其子，貨力為己，大人世及以為禮，城郭溝池以為固

108年大學指考

（解答BCDE）

第三章

這些人與那些事

第三章
01

充滿內心小劇場的飯局

——司馬遷《史記·項羽本紀·鴻門宴》

/文本分析與解讀/

文本背景——從個人歷史透視邦國興衰

《史記》以紀傳體式，創造了多系列、多層次的人物傳記。司馬遷把最大的篇幅給予了個人命運，其中有寫帝王的十二本紀，記諸侯的三十世家，說將相的七十列傳，他筆下的歷史不但是邦國的興衰史，同時也是個人命運（包括帝王）的成敗、榮辱史。司馬遷顯然意識到單憑宏觀的歷史事件，難以達到完整且全面呈現人性、史實的向度。因此，在他筆下，歷史不是抽象的邦國興衰，而是關於人的歷史，是每個個體為自己的理念而奉獻生命的載錄史，這個個體從王公貴族到一般庶眾皆然。

項羽在破秦及楚漢相爭期間，雖未稱帝，但軍事力量佔絕對優勢，為破秦之主力，更成為當時實際上的全局領導，正如司馬遷所說：「**封王侯，政由羽出。**」諸侯聽其分封，劉邦接受封於漢水的王號，如今我們自稱漢族即源於此。但是，項羽畢竟沒有正式稱帝，故立〈項羽本紀〉，卻不紀西楚之年，而用「漢之元年」、「漢之二年」，承認歷史事實，不失漢為正統之史實。司馬遷「寓褒貶」的春秋筆法是很嚴謹的。

文本分析

《史記》寫人，不是採用流水帳形式來記述與主人公有關的點點滴滴，那樣的寫法太囉唆，司馬遷是通過剪裁、取捨，選寫適合的事例，表現人物的突出向度。例如：項羽從興兵反秦到烏江自刎，前後八年，身經七十餘戰。而〈項羽本紀〉只重點寫了鉅鹿之戰、鴻門之宴、垓下之戰三個突出事件，著意表現項羽的蓋世英姿、勇武雄威以及他的悲劇性結局。從「鉅鹿之役」到「鴻門之宴」最終來到「垓下之圍」，此三者正標誌著項羽一生從爬坡、攻頂、到最後下坡的歷程。

鉅鹿之役	項羽襲殺宋義，率軍渡河，破釜沉舟，在鉅鹿大敗秦軍，章邯投降，正式崛起成為諸侯心中的上將軍。
鴻門之宴	項羽聲勢正值高峰卻因誤判情勢，以勇自恃，以義自許，縱放劉邦，為日後敗亡留下伏筆。
垓下之圍	四面楚歌，虞姬自刎。項羽率八百騎兵突破重圍到烏江邊，本有機會涉水而過，後自刎而亡，軀體被分四塊，連同頭顱五塊，漢軍獲得者各有封賞。

本文我們要看的〈鴻門宴〉正是節選自〈項羽本紀〉的作品，它的背景是：劉邦率先攻入了關中後，守住關門，項羽軍隊在連番攻佔秦國土地後，正準備挺進函谷關，卻不得其門而入，大為震怒，欲對劉邦攻擊，劉邦自知兵力不足，於是接受張良等人提議，向項羽謝罪，這場道歉宴會便是著名的「鴻門宴」。

（一）先來個下馬威——鴻門宴的座位學

項羽大勝秦軍主力，而劉邦先占秦都咸陽，派兵據守函谷關。兩支同盟軍本來是勝利會師，不過，秦朝滅亡以後各諸侯國共同的外部矛盾雖然解決了，但，同盟軍之間的內部矛盾進而上升成主要矛盾。項羽率四十萬大軍兵臨函谷關城下，形勢極其緊張，在〈項羽本紀〉中，司馬遷用筆簡練地說：「（項羽）不得入。又聞沛公已破咸陽，項羽大怒，使當陽君等擊關。項羽遂入，至於戲西。沛公軍霸上。」此處僅用了三十幾個字說明項羽破關，進駐鴻門，準備解決劉邦，而只有十萬軍隊且處於弱勢的劉邦，冒險親至鴻門會見項羽。項羽留劉邦宴飲。在這暗藏凶險、充滿殺機的歡宴席上，司馬遷一改簡潔敘述型態，代以不厭其煩的詳細敘述：「項王、項伯東嚮坐，亞父南嚮坐。亞父者，范增也。沛公北嚮坐，張良西嚮侍。」以上這段文字，轉以圖像顯示如下。

坐位的方向本可省略，最多不過一筆帶過，但是，司馬遷羅列得如此詳盡，其實充滿了深長的意味。東嚮（通「向」，「東向」等於「向東」，居西面東）者項羽為主，高於南、北和西向。而項羽的軍師范增坐北面

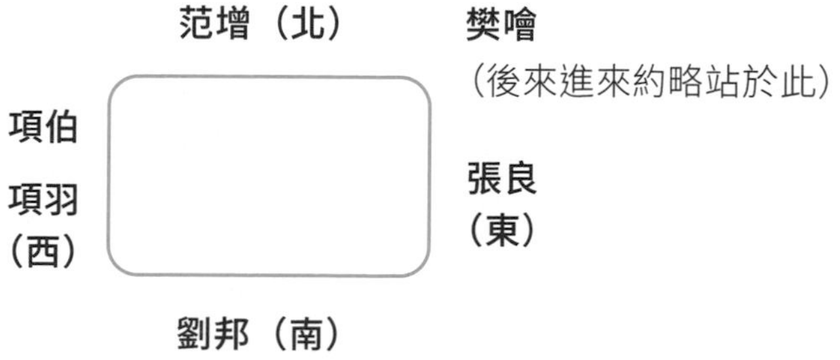

南，僅次於東向（坐西面向東）的項羽，高於北向（坐南面向北）的劉邦和西向（坐東面向西）的張良。這樣的座次安排暗示著彼此之間的主次、強弱關係。這裡稱項羽為「項王」，而劉邦為「沛公」。其實項羽彼時只是兵臨咸陽，尚未稱王，司馬遷不著痕跡地顯示其傾向性。

本文雖為節選，作者對成敗沒有任何直接評論，但卻在記言和記事的情節中，突出地表現了弱者如何、為何能夠脫險；而強者如何、為何痛失了勝機。我們可以說司馬遷通過這些記言、記事的細節來凸顯人物形象，這是「紀傳體」重要的特色之一，而這些人物彼此串連出共時性及歷時性的歷史紀錄。

劉邦先入咸陽，堅守函谷關，稱王的野心已經暴露。但是，就實力而言，十萬之眾，不是四十萬大軍的對手。從軍事實力和個人武功來說，劉邦根本不是項羽的對手。因此，這場宴會對劉邦而言是危機重重；對項羽來說，駐軍霸上，扼守咸陽門戶，滅劉邦的良機就在眼前。但是，一個是化危機為轉機；另一個則是錯失良機，埋下了日後失敗身亡的殺機。劉邦化危機為轉機，項羽則錯失良機，這其間轉化的關鍵是什麼？

起初，原本先入函谷關的劉邦志得意滿，但是，劉邦很快承認自己的弱勢，並且聽從了謀士張良的分析：

良曰：「料大王士卒足以當項王乎？」沛公默然，曰：「固不如也，且為之奈何？」張良曰：「請往謂項伯，言沛公不敢背項王也。」

劉邦迅速採取了甘拜下風、韜光養晦的策略。其次，作為軍事集團的領導者，劉邦取勝的關鍵是善於用人，也就是後來韓信所說，劉邦雖不甚善於「將兵」，領兵上戰場打實際的戰役，最多不過領兵十萬人而已；但是劉邦善於「將將」，也就善於使用將領和謀士。劉邦的能屈能伸，展現其心理素質的強大。第一，不但要承認自己不敵項羽，而且要承認自己不如下屬張良。第二，在項羽面前，必須委屈自己的情緒，不能據理力爭。本來先入咸陽者為王，是諸侯之間早已經約定好的。而劉邦深知好漢不吃眼前虧的道理，把自尊心放下，卑躬屈膝，見了項羽，又低聲下氣地自稱「臣」。並解釋自己先攻下秦都咸陽，是偶然的（不自意），又辯解說所謂「稱王」的雄心，是「小人」的傳言。第三，更重要的是，司馬遷非常強調，劉邦所重用的人，在危急存亡之際，總能不計個人榮辱生死，忠於劉邦。劉邦危急，張良的朋友項伯從項羽軍中潛來勸張良逃命，他沒有逃，反而說：「沛公（劉邦）今事有急，亡去不義。」第四，即使在最危急的現場，劉邦的親信衛士樊噲挺身而出，以拼命三郎之姿（死且不避），帶著武器，勇衝項羽的衛隊，理直氣壯，力陳劉邦之功，痛斥項羽之過，這是劉邦自己也不敢在項羽面前直接講出來的。後來，劉邦被圍困，他帳下的紀信英勇獻身，打著他的旗號冒充他，藉以轉移項羽的目標，讓劉邦得以逃脫。紀信最後被項羽燒死。劉邦團隊的文官武將各個為他赴湯蹈火在所不辭，劉邦的個人魅力及領導效能於此可見一斑。

而項羽方面則反之，第一，對於富於遠見的范增之謀略，項羽始終不能接受。在鴻門宴前，范增就告誡項羽：「沛公居山東時，貪於財貨，好美姬。今入關，財物無所取，婦女無所幸，此其志不在小。」、「急擊勿失」。范增建議快刀斬亂麻，殺掉劉邦。但是，項羽未將范增的勸誡放在心上，他太輕信自己擁有絕對優勢的實力。第二，當項伯告訴項羽，劉邦其實是沒有政治野心的，「（劉邦）有大功而（項羽）擊之，不義也。」本來「大怒」的項羽，就因為這個「義」，非常輕率地「許諾」了，並且，也沒有追究項伯未經請示，潛入劉邦軍營的違紀行徑。

到了宴會現場，項羽還沉浸在輕率「許諾」的自戀情緒之中。以致「范增數目項王，舉所佩玉玦以示之者三。」希望項羽下定決心，當場殺了劉邦。一向是在關鍵時刻，能夠果斷出手，根本不在乎什麼「義」、「不義」的項羽，他可以出其不意地斬殺上司卿子冠軍宋義。但，鴻門宴裡的項羽卻顯得麻木不仁（項王默然不應），不為所動，讓人難以揣測當時他的心理狀態是什麼？特別的是，當范增隨即當機立斷，越權讓項莊進入會場，以舞劍助興為名，希望即席殺死劉邦，項羽的親信項伯竟公然舞劍以保護劉邦，並且，在雙方對立至劍拔弩張之際，項羽居然還沒有看出項伯吃裡扒外的行徑。而項伯此前的種種行為，包括：代劉邦傳話，說劉邦「有大功」，無有野心；說劉邦入關後登記戶口，封府庫財物是為了防備「他盜出入」，專候項羽到來（實際上，項伯已經和劉邦的交情可說是十分火熱，劉邦已經以「兄事之」、「結為婚姻」了）之種種；項羽對項伯這個奸細，渾然沒有任何警覺，不得不說在政治操作上，項羽著實昏庸。更荒唐的是，項羽竟然對劉邦坦承說他的消息來源是因為你麾下的「左司馬曹無傷」，告訴我沛公您的野心與企圖，才使他有動武的念頭。這是在面子上替項羽自身開脫，卻把項羽一方隱身在劉邦陣營裡的「內線」出賣了。於是，劉邦脫險回到軍中之後，立刻把曹無傷殺了（立誅殺曹無傷）。反觀項羽此方，仍然對項伯加以重用，但是對忠於自己的范增，不但不聽其諫言，後來，甚至中了劉邦的反間計，懷疑范增，讓他自行辭職，等於是罷了范增的官，終了，司馬遷還加上濃重的一筆，讓范增在半道上，發病而死。按史家筆法，司馬遷不能直接說出項羽失敗的原因，只能借范增之口說出了他的戰略預言：「奪項王天下者，必沛公也。」

司馬遷用這樣的對比，呈現出劉邦作為軍事領導，智謀可能有限，甚至品德有污，但是，在成敗攸關之際，能充分發揮其麾下謀士之智、將領之勇，特別是在關鍵時刻，劉邦往往明察忠奸，能屈能伸，當機立斷，此即成功與失敗重要的分水嶺。而項羽徒具匹夫之勇，任情自性。

(三) 配角亂入更搶戲——配角人物如何凸顯主角形象

〈鴻門宴〉中，有一個令人不得不注意的角色：樊噲。樊噲入場時是不合禮儀的：「噲即帶劍擁盾入軍門，交戟之衛士欲止不內，樊噲側其盾以撞，衛士仆地，噲遂入……」對一個突然出現的配角樊噲用了這麼多細節和話語，可謂是大筆濃墨了，司馬遷意猶未足。接著是樊噲「瞋目視項王」，表現這個草莽英雄的大無畏精神，這樣的敘述已經超越了歷史家的實錄，進入想像的境界了，寫樊噲：「頭髮上指，目眥盡裂」，

「目眥盡裂」，可能是誇張，但「頭髮上指」完全是不可能的，這應當是司馬遷自身感情的流露。寫到這裡，司馬遷或許已經忘記自己是在寫歷史，而是放任自己的情感衝擊感知了。樊噲這樣視死如歸的冒犯，引起項羽的欣賞，轉移了項羽對劉邦的注意力；對於樊噲，項羽竟然還賜酒、賜肉，與之對飲，呈現一種惺惺相惜的姿態。司馬遷一方面寫樊噲的豪邁，但是，他不說的恐怕是：項羽到底知悉情勢否？項羽是否知道這是場戰役，而不是宴會？

就在樊噲豪氣不畏死地對著項羽解釋劉邦的苦心孤詣之際，另一方面，劉邦善於機變，見勢不妙，藉故離席，出帳營外，召樊噲與張良共商對策，最後決定不辭而別。待劉邦已祕密溜回漢軍軍營中，張良才到項羽面前表示事出無奈，不辭而別，是不合禮儀的，不過張良畢竟有所準備而來，遂加上贈禮，以示謙恭：

「謹使臣良奉白璧一雙，再拜獻大王足下；玉斗一雙，再拜奉大將軍足下。」項王曰：「沛公安在？」良曰：「聞大王有意督過之，脫身獨去，已至軍矣。」項王則受璧，置之坐上。亞父受玉斗，置之地，拔劍撞而破之。

這幾句真是太精緻了，史家筆法重在記言與記事，故《史記》多是對話和動作，少有面目、衣著、心理和背景的描寫，所憑的主要是「敘述」。敘述語言一般是概括性，但是，在這裡司馬遷讓敘述帶上兩種細節，一種是同類的道具（白璧和玉斗同為禮器），一種是相反的動作，透過項羽和范增在接受禮物時的對比反應來對照，如此一來，我們就看到了比之一般描寫更為深邃的心理功能了。白璧一雙給項羽為禮，稱項羽為「大王」，以劉邦的名義，「再拜」（不是一拜；再拜，是特別隆重）。玉斗一雙，獻給「大將軍」（范增）。同樣貴重的禮物（細節），精采就在敘述中，兩個人的反應是截然不同的。項羽「受璧，置之坐上。」，從動作看，是安然的，完全沒心眼。而亞父，則是「受玉斗，置之地，拔劍撞而破之。」置地、拔劍、撞、破之，四個連續性的動作足以表現其內心的憤怒了。此刻，司馬遷仍意猶未盡，又借范增的口，發出強烈的情緒：「唉！豎子不足與謀。」並再加上對於未來的憂憤：「吾屬今為之虜矣。」這就是司馬遷的敘述，**以不描寫為描寫，以不抒情為抒情**。司馬遷所以如此，第一，以外在動作提示內在情緒的可感效果；第二，以人物的憤激之語抒情，這種抒情不是作者的主觀臆測，而是人物的、間接的。

在寫樊噲決心冒險衝擊項羽時也用過同樣的手法，樊噲說：「大行不顧細謹，大禮不辭小讓。如今人方為刀俎，我為魚肉，何辭為！」司馬遷的敘述，很少使用排比式、對偶句的，這時讓一介武夫，說出大行、大禮，細謹、小讓的對偶句，是屬於情緒激昂的，而且還讓樊噲說出對比性的譬喻「人方為刀俎，我為魚肉。」並加上一個反問句「何辭為！」在這生死、成敗關頭，透徹地表現出一種義無反顧的激情及豪邁，可謂力透紙背。而這一切從外部可見、可聞者，都是內心不可見的情緒激動的具體呈現，皆在記言與記事的筆法之中。

／閱讀思辨／

〈鴻門宴〉中最精采的是人物形象的刻劃、情節發展的緊湊，其中有詳筆，也有略筆，對於人物的主要性格常能一針見血的呈現。以下是本文中楚漢兩方主要角色的分類，閱讀課文時可就此類別，比較彼此的差異：

楚

角色	人物	個性	文句的例證
主帥	項羽	感情用事、粗疏寡謀、剛愎自用	
謀士	范增	老謀深算、急躁易怒	
武將	項莊	聽命行事、機智不足	
奸細	項伯	公私不分、重情重義	

角色	人物	個性	文句的例證
主帥	劉邦	看清現實、能屈能伸、善於納諫	
謀士	張良	足智多謀、沉著冷靜	
武將	樊噲	勇猛粗壯、直言進諫、不拘禮	
奸細	曹無傷	挑撥是非	

同為兩方的將士，司馬遷詳寫樊噲，略寫項莊；同為謀臣，范增的忠心耿耿卻無力回天的悲憤，於宴會場真是活靈活現展露無遺；一個老臣恨鐵不成鋼的形象躍然紙上。而兩方的主將，項羽因為情與義而裹足不前；但是，劉邦為了求生存卻可以選擇尿遁，成與敗或許就此一線之隔了。

司馬遷確實寫出了項羽身上種種性格的弱點，但這並不只反映在〈項羽本紀〉中，司馬遷突出人物的某種個性和避免敘事的重覆，使用了「互見法」。也就是說，將人物的主要性格和經歷的重要事件寫在本人的傳記中，而次要性格則寫在相關他人的傳記中。以項羽為例，項羽一生重大事件是「鉅鹿之戰」、「鴻門之宴」、「垓下之圍」。至於他性格的其他弱點，則散見於〈高祖本紀〉、〈淮陰侯列傳〉等作品中，有相關之敘述。

參考答案

角色	人物	個性	文句的例證
主帥	項羽	感情用事、粗疏寡謀、剛愎自用	**感情用事**： ・於是項伯復夜去，至軍中，具以沛公言報項王，因言曰：「沛公不先破關中，公豈敢入乎？今人有大功而擊之，不義也。不如因善遇之。」項王許諾。 **粗疏寡謀**： ・項王曰：「此（乃）沛公左司馬曹無傷言之。不然，籍何以至此。」 **剛愎自用**： ・范增數目項王，舉所佩玉玦以示之者三，項王默然不應。

謀士	范增	老謀深算、急躁易怒	**老謀深算**： ・范增說項羽曰：「沛公居山東時，貪於財貨，好美姬。今入關，財物無所取，婦女無所幸，此其志不在小。吾令人望其氣，皆為龍虎，成五彩，此天子氣也。急擊勿失！」 ・范增起，出召項莊，謂曰：「君王為人不忍。若入，前為壽，壽畢，請以劍舞，因擊沛公於坐，殺之。不者，若屬皆且為所虜。」 **急躁易怒**： ・亞父受玉斗，置之地，拔劍撞而破之，曰：「唉！豎子不足與謀。奪項王天下者，必沛公也。吾屬今為之虜矣！」
武將	項莊	聽命行事、機智不足	**聽命行事**： ・范增起，出召項莊，謂曰：「君王為人不忍。若入，前為壽，壽畢，請以劍舞，因擊沛公於坐，殺之。不者，若屬皆且為所虜。」莊則入為壽。壽畢，曰：「君王與沛公飲，軍中無以為樂，請以劍舞。」 **機智不足**： ・（項伯）常以身翼蔽沛公，項莊不得擊。

角色	奸細
人物	項伯
個性	公私不分、重情重義
文句的例證	**公私不分**： ・楚左尹項伯者，項羽季父也，素善留侯張良。張良是時從沛公，項伯乃夜馳之沛公軍，私見張良，具告以事，欲呼張良與俱去。 ・項莊拔劍起舞，項伯亦拔劍起舞。 **重情重義**： ・曰：「毋從俱死也！」 ・項伯許諾，謂沛公曰：「旦日不可不蚤自來謝項王。」沛公曰：「諾。」於是項伯復夜去，至軍中，具以沛公言報項王，因言曰：「沛公不先破關中，公豈敢入乎？今人有大功而擊之，不義也。不如因善遇之。」

角色	主帥
人物	劉邦
個性	看清現實、能屈能伸、善於納諫
文句的例證	**看清現實**： ・沛公默然，曰：「固不如也，且為之奈何？」 **能屈能伸**： ・曰：「吾入關，秋毫不敢有所近，籍吏民封府庫，而待將軍。所以遣將守關者，備他盜之出入與非常也。日夜望將軍至，豈敢反乎！願伯具言臣之不敢倍德也。」 ・沛公旦日從百餘騎來見項王，至鴻門，謝曰：「臣與將軍戮力而攻秦，將軍戰河北，臣戰河南，然不自意能先入關破秦，得復見將軍於此。今者有小人之言，令將軍與臣有郤。」 **善於納諫**： ・沛公曰：「今者出，未辭也，為之奈何？」樊噲曰：「大行不顧細謹，大禮不辭小讓。如今人方為刀俎，我為魚肉，何辭為。」於是遂去。

謀士

張良

足智多謀、沉著冷靜

足智多謀：

・良曰：「料大王士卒足以當項王乎？」

・張良曰：「請往謂項伯，言沛公不敢背項王也。」

・張良入謝，曰：「沛公不勝桮杓，不能辭。（沛公）謹使臣良奉白璧一雙，再拜獻大王足下，玉斗一雙，再拜奉大將軍足下。」

沉著冷靜：

・張良曰：「臣為韓王送沛公，沛公今事有急，（張良）亡去不義，不可不語。」

・良曰：「甚急！今者項莊拔劍舞，其意常在沛公也。」

・良問曰：「大王來何操？」

武將	樊噲	勇猛粗壯、直言進諫、不拘禮	**勇猛粗壯**： • 噲即帶劍擁盾入軍門。交戟之衛士欲止不內，樊噲側其盾以撞，衛士仆地，噲遂入，披帷西向立，瞋目視項王，頭髮上指，目眥盡裂。 **不拘禮**： • 項王曰：「壯士，賜之卮酒。」則與斗卮酒。噲拜謝，起，立而飲之。項王曰：「賜之彘肩。」則與一生彘肩。樊噲覆其盾於地，加彘肩上，拔劍切而啖之。 **直言進諫**： • 樊噲曰：「臣死且不避，卮酒安足辭！夫秦王有虎狼之心，殺人如不能舉，刑人如恐不勝，天下皆叛之。懷王與諸將約曰：『先破秦入咸陽者王之。』今沛公先破秦入咸陽，毫毛不敢有所近，封閉官室，還軍霸上，以待大王來。故遣將守關者，備他盜出入與非常也。勞苦而功高如此，未有封侯之賞，而聽細說，欲誅有功之人。此亡秦之續耳，竊為大王不取也！」
奸細	曹無傷	挑撥是非	• 沛公左司馬曹無傷使人言於項羽曰：「沛公欲王關中，使子嬰為相，珍寶盡有之。」

／跨域思維／

誰才是績優股？

股票交易市場瞬息萬變，現在被視為是強勢股[1]的股票，也許幾個月後或是隔天就會被標示為警示股[2]，再經由市場調整後，也可能轉為弱勢股[3]或是水餃股[4]，因此從開盤到收盤，沒有一刻是可以放鬆的。所以，股票市場裡，我們不敢說準有任何一支股票能是永遠獲利。以秦朝末年當時的情勢來說，項羽是強勢股[5]，而劉邦是跌停股[6]。兩支股票皆主導當時的交易市場，而兩方陣營旗下的楚軍和漢軍則象徵交易市場中的買家，也就是股票支持者。

〈鴻門宴〉中，項伯提點劉邦「旦日不可不蚤自來謝項王。」因此劉邦隔日一早便前往鴻門宴向項羽賠罪。在宴席過程中，劉邦遇到了許多挑戰，例如：范增多次想置其於死地，三次手勢，項莊舞劍，無一不在揭示歡樂宴會表象之下的暗潮洶湧，這樣的阻礙也造成劉邦這支股票看來不斷下跌，股票下跌代表劉邦遇到的困境；後來，

劉邦這支股票的上漲則意謂著劉邦在項伯、張良、樊噲等人的協助下化解危機，最終順利脫逃，回歸軍營。（依下方示意圖可見）

當股票在單個交易時段內下跌至被允許的某一程度時，便進入跌停狀態，這時交易所會暫停相關基礎市場的賣空[7]交易，當前的交易服務將被限制為只能「買入」不得「賣出」。而劉邦在最後假借如廁之名逃脫至帳外的行徑，表示這支股票已經達到跌停狀態，因此交易所開始暫停賣出。在情節中，劉邦也在漢軍的掩護下回營，由於項羽沒有追捕逃脫的劉邦，沿途的漢軍就是持續買入劉邦股票的散戶，最終劉邦在這些買家

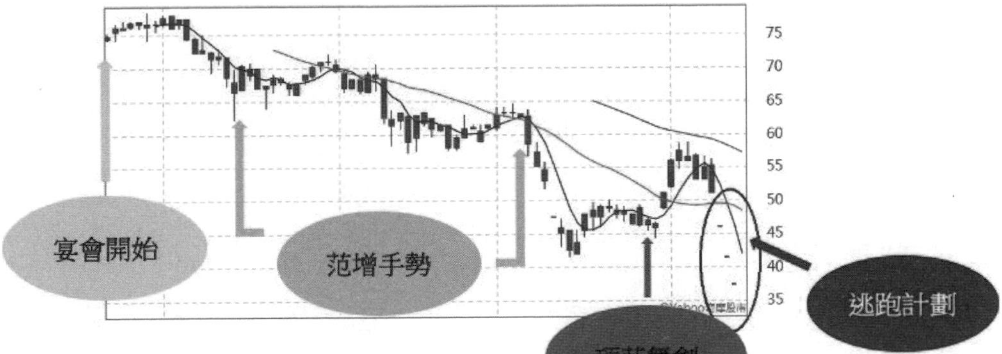

的幫助下順利離開了鴻門，直到他安全回到漢軍陣營，再也沒有人能夠對劉邦的生命安全產生威脅，於是，交易所重新回歸正常，因此，劉邦這支股票重新開啟自由交易，最終獲得漢朝帝位殊榮，也帶領購買劉邦股票的買家獲得相應的利益。

至於項羽在此被視為強勢股而非績優股的原因在於[8]他成長的速度極快，短時間內即收穫大量買家投入項羽股票市場，他率領的楚軍被其他軍隊視為眼中釘，而擁護者也隨著項羽一次又一次的成功，支持累積的人數越來越多，他的成長比績優股快速，不過，其缺點就是：面對經濟衰弱時，雖抗跌，但仍有一定的風險，也因具備不穩定性，所以項羽無法被當作績優股。

項羽的崛起來自於最初的鉅鹿之戰，因為其勇往直前且捷報頻傳而吸引許多買家購入，直到鴻門宴結束前，市場普遍看好項羽帶領楚軍奪得最後的勝利，此點可從項羽的稱號——「西楚霸王」得知，但項羽的性格缺點，註定讓他成不了更值得被股民信賴的績優股，因為項羽贏得過於快速，崛起到成名僅短短數月，因此即使他是強勢股，但整體公司的基底仍然不夠穩固，在面對經濟困境時，有抗跌的能力卻不足以因應大環境整體的變動，最終，輸給了劉邦。當項羽在烏江河畔刎頸自盡時，意謂著項羽股票正式宣告破產，再也無法上市。此交易市場正式由劉邦股票主導。

（創意共享：彰化師大國文系陳秉廷、周晅）

1 強勢股：大盤回檔時，相對抗跌，大盤上漲股價表現，比大盤或是比同一類股更好的個股。

2 警示股：連續六個交易日漲跌幅異常，成交量超大的個股，就會被交易所公告列為警示股，代表當時的量價反應過熱，必須降溫。

3 弱勢股：大盤上漲時，相對漲幅較小，大盤回檔時股價表現，比同一類股或是比大盤更差的個股。

4 水餃股：股價偏低，相當於一粒水餃的價格，泛指低於五元的個股。

5 強勢股：大市回檔時它不回檔，而以橫盤代替回檔；當大市重新向上時，它的升幅更為猛烈。

6 跌停股：單個交易時段內允許股票價格下跌的最大幅度。

7 賣空：預料到股票價格會下跌，賣出股票日後買入。

8 績優股：業績優良的公司，但是成長速度緩慢，可以對抗經濟衰弱，但沒有豐富的獲利。

文本閱讀

【原文】

（一）楚軍夜擊，坑（坑殺）秦卒二十餘萬人新安城南。

（二）行（即將）略定秦地，至函谷關，有兵守關，不得入。又聞沛公已破咸陽，項羽大怒，使（派遣）當陽君等擊關，項羽遂入，至于戲西。沛公軍（駐紮，動詞）霸上，未得與項羽相見。沛公左司馬曹無傷使人言（告訴）於項羽曰：「沛公欲王（ㄨㄤˋ，稱王，動詞）關中，使子嬰為相，珍寶盡有之。」

【翻譯】

（一）項羽的軍隊趁著夜間襲擊秦營，在新安城南活埋了二十餘萬秦軍。

（二）即將攻取秦國舊有的領地關中；至函谷關時，有軍隊把守關口，無法進入。又聽說沛公已經攻破咸陽，項羽大怒，派當陽君英布等人攻打函谷關，於是項羽進入關中，到達戲水西邊。沛公駐軍霸上，沒能和項羽相見。沛公的左司馬曹無傷派人對項羽說：「沛公要在關中稱王，並讓秦王子嬰為相，秦國所有的珍寶都歸他所有。」項羽聽後大怒說：「明晨讓士兵們好好吃一頓，準備擊敗沛公的軍隊！」此時，項羽擁兵四十萬，駐紮在新豐鴻門；沛公擁項羽大怒，曰：「旦日饗士卒，為擊破沛公軍！」當是時，項羽兵四十萬，在新豐鴻門，沛公兵十萬，在霸上。范增說項羽曰：「沛公居山東時，貪於財貨，好美姬。今入關，財物無所取，婦女無所幸，此其志不在小。吾令人望其氣，皆為龍虎，成五采，此天子氣也，急擊勿失。」

(三)楚左尹項伯者，項羽季父也，素善留侯張良。張良是時從沛公，項伯乃夜馳之沛公軍，私見張良，具告以事，欲呼張良與俱去。曰：「毋從俱死也。」張良

- 旦日：明日
- 饗：ㄒㄧㄤˇ，犒賞，動詞
- 說：ㄕㄨㄟˋ
- 婦女無所幸：不近女色
- 幸：親近
- 素：向來
- 善：友好，動詞
- 是時：當時
- 之：往
- 具告以事：倒裝，「以事具告之」
- 具：詳細
- 俱：一起
- 毋：ㄨˊ

兵十萬，駐紮在霸上。范增勸項羽說：「沛公在山東地區時，貪迷財貨，喜好美女。如今入關以後，沒有收取任何財物，也沒有貪戀任何婦女，這說明他的志向不小。我派人觀察他那邊的雲氣，都是一些龍虎的形象，五彩斑斕，這是天子的雲氣啊，要趕快出兵進攻，不要錯失了良機！」

(三)楚國的左尹項伯，是項羽的叔父，向來和留侯張良友好。張良這時跟著沛公，項伯於是當夜急馳到沛公的軍營，私下會見張良，把事情全部告訴張良，希望張良與他一同離去，並且說道：「不要跟著劉邦一起送死！」張良說：「我為韓王護送沛公入關。沛公現在有急難，我就這樣逃走，這是不合道義的，我不能不告訴他。」張良於是進入營中，把事情全部告訴沛公。沛公大吃一驚，說：「我該怎麼辦？」

曰：「臣為韓王送沛公，沛公今事有急，亡去（逃走）不義，不可不語（ㄩˋ，告訴）。」良乃入，具告沛公。沛公大驚，曰：「為之奈何？」張良曰：「誰為大王為此計者？」曰：「鯫生（ㄗㄡ，小人）說我曰『距（通「拒」）關，毋內（ㄋㄚˋ，通「納」）諸侯，秦地可盡王（ㄨㄤˋ，稱王，動詞）也』。故聽之。」良曰：「料大王士卒足以當（ㄉㄤˇ，抵擋）項王乎？」沛公默然，曰：「固不如也，且為之奈何？」張良曰：「請往謂項伯，言『沛公不敢背項王也』。」沛公曰：「君安（何）與項伯有故（舊情）？」張良曰：「秦時與臣游，項伯殺人，臣活（動詞，使…活下）之。今事有急，故幸（幸好）來告良。」沛公

張良說：「是誰替大王出這計謀？」沛公說：「是一個小人勸我說：『擋住函谷關，不讓諸侯入關，就可以完全掌握秦國的土地。』所以聽他的話。」張良說：「大王，估量您的軍隊士卒，能夠抵擋項王的兵力嗎？」沛公沉默下來，說：「本來就不如，這下該怎麼辦？」張良說：「請讓我去告訴項伯，說『沛公不敢背叛項王。』」沛公說：「你與項伯怎會有交情？」張良說：「我在秦國時就與他認識，項伯殺了人，是我救了他的命。如今事態緊急，所以親自來告知我。」沛公說：「項伯和你相比，誰的年紀大？」張良說：「他比我年紀長。」沛公說：「你替我把項伯叫進來，我要以兄長的禮節來對待他。」張良走了出去，請項伯進來。項伯入營拜見沛公，沛公獻上一杯酒，祝福項伯，又與他約做兒女親家，說道：「自從我

曰：「孰與君少長（省略：項伯與君孰少長）？」良曰：「長於臣。」沛公曰：「君為我呼入，吾得兄事之。」張良出，要（一ㄠ，同「邀」）項伯。項伯即入見沛公，沛公奉卮（ㄓ，酒杯）酒為壽，約為婚姻（相約為兒女親家），曰：「吾入關，秋毫不敢有所近，籍（登錄，動詞）吏民，封府庫，而待將軍。所以遣將守關者，備他盜之出入與非常（意外事故，名詞）也。日夜望將軍至，豈敢反乎？願伯具（詳細）言臣之不敢倍（通「背」）德也。」項伯許諾，謂沛公曰：「旦日（明早）不可不蚤（通「早」）自來謝（謝罪）項王。」沛公曰：「諾。」於是項伯復夜去，至軍中，具以沛公言報項王。因言曰：「沛公

入關以來，對秦室的財富絲毫不敢取用，只將百姓的戶口登記在簿籍上，並且查封府庫的財物，只等待項羽將軍的到來。我所以派遣將士守關，是為了防備其他盜賊的入侵和突如其來的意外發生。日夜期盼著將軍到來，哪敢有反叛之心？希望您對項羽將軍說明我是不敢忘恩負義。」項伯答應了，對沛公說：「明晨一定要早點來向項王謝罪。」沛公說：「好的！」於是項伯又連夜離去。回到軍中，把沛公所說的話報告項王。接著說：「沛公不先攻破關中，您又怎麼敢入關呢？如今別人有大功卻要攻擊他，這是不義的，不如趁此機會善待他。」項王答應了。

(四)沛公第二天一大早帶著百餘名隨從來見項王，到了鴻門，對項王賠罪說：「我和將軍同心努力地攻打秦軍，將軍在黃河

不先破關中，公豈敢入乎？今人有大功而擊之，不義也，不如因善遇（對待）之。」項王許諾。

（四）沛公旦日從百餘騎來見項王，至鴻門，謝曰：「臣與將軍戮力（ㄌㄨˋ，齊力）而攻秦，將軍戰河北，臣戰河南，然不自意（沒料到）能先入關破秦，得復見將軍於此。今者有小人之言，令將軍與臣有郤（ㄒㄧˋ，通「隙」）。」項王曰：「此沛公左司馬曹無傷言之；不然，籍何以至此？」項王即日因留沛公與飲。項王、項伯東嚮（向東，嚮通「向」）坐，亞父南嚮坐，亞父者，范增也，沛公北嚮坐，張良西嚮侍。范增數（ㄕㄨㄛˋ 屢次）

以北作戰，我在黃河以南作戰，但是沒想到我竟能先進入關中攻破秦軍，又能在這裡和將軍相見。如今因為有小人的閒言，使得將軍和我之間有了嫌隙。」項王說：「這是沛公您的左司馬曹無傷說的；不然，我怎麼會這樣呢？」項王當日即留沛公一同飲酒。項王、項伯面東而坐，亞父面南而坐——亞父，就是范增，沛公面北而坐，張良面西而侍。范增屢次向項王使眼色，並三次舉起他佩帶的玉玦暗示（要求決斷），項王都靜靜的沒有回應。范增便起身出帳召喚項莊，對項莊說：「君王為人心軟不忍下手，你進去上前敬酒，敬完酒，請求表演劍舞，趁機將沛公刺殺在坐席上。不然的話，你們都將成為他的俘虜了！」項莊於是進去敬酒，敬酒完畢，說：「君王與沛公飲酒，軍中沒有什麼可以助興的，請

目（以眼色示意）項王，舉所佩玉玦以示之者三，項王默然不應。范增起，出召項莊，謂曰：「君王為人不忍（不夠殘忍），若（你）入前為壽，壽畢，請以劍舞，因（乘機）擊沛公於坐，殺之。不（ㄈㄡˇ）者，若屬（你們）皆且為所虜。」莊則入為壽，壽畢，曰：「君王與沛公飲，軍中無以為樂，請以劍舞。」項王曰：「諾。」項莊拔劍起舞，項伯亦拔劍起舞，常以身翼蔽（如鳥翅般遮擋）沛公，莊不得擊。於是張良至軍門，見樊噲。樊噲曰：「今日之事何如？」良曰：「甚急。今者項莊拔劍舞，其意常在沛公也。」噲曰：「此迫矣，

讓我為你們表演劍舞吧。」項王說：「好！」項莊拔劍起舞，項伯也拔劍起舞，常常以身體掩護沛公，使項莊沒有機會可以擊殺沛公。這時張良來到軍營門口，見到了樊噲。樊噲說：「現在情況如何？」張良說：「事情非常緊急！現在項莊拔劍起舞，他的用意是要取沛公的命。」樊噲說：「這太危險了啊！請讓我進入，與沛公同生死！」樊噲隨即帶劍擁盾進入軍營門口，持戟在軍營門口的衛兵想阻止他進入，樊噲側著盾牌朝衛兵撞擊過去，衛兵們仆倒在地上，樊噲於是進入營中，掀開軍帳，面向西邊站著，瞪大眼睛怒視項王，頭髮向上直立，眼眶都睜得快裂開了。項王按著寶劍直起上身，說：「來客是何人？」張良說：「這是沛公座車的護衛樊噲。」項王說：「真是一位壯士！賜給他一杯酒。」就給了他一大杯

臣請入，與之同命（同生死）。」噲即帶劍擁盾入軍門，交戟（ㄐㄧˇ，兵器）之衛士欲止不內（ㄋㄚˋ，同「納」），樊噲側其盾以撞，衛士仆地，噲遂入，披（打開）帷（營帳），西嚮立（居東面向西），瞋（ㄔㄣ，瞪大眼睛）目視項王，頭髮上指，目眥（ㄗˋ，眼眶）盡裂。項王按劍而跽（ㄐㄧˋ，長跪）曰：「客何為者？」張良曰：「沛公之參乘（ㄘㄢ ㄕㄥˋ）樊噲者也。」項王曰：「壯士，賜之卮酒。」則與（給）斗卮酒，噲拜謝，起，立而飲之。項王曰：「賜之彘（ㄓˋ）肩。」則與一生彘肩（豬肘子）。樊噲覆其盾於地，加彘肩上，拔劍切而啗（ㄉㄢˋ，吃）之。項王曰：「壯士，能復飲乎？」樊噲曰：「臣死且不避，卮酒安足辭（推辭）？夫

酒，樊噲拜謝，起身，站著喝了這杯酒。項王說：「賜給他一隻豬肘子。」衛士就給了他一隻沒有煮熟的豬肘子。樊噲將盾牌平放在地上，把豬肘子放在盾牌上，拔劍切開就吃了。項王說：「壯士！還能再飲酒嗎？」樊噲說：「我死尚且不怕，只是一杯酒有什麼好推辭？秦王有虎狼之心，殺人唯恐殺不完，處罰人好像擔心不能用盡酷刑似的，因此天下百姓都背叛他。楚懷王和眾將領約定說：『先破秦國入咸陽的人封他為王。』現在沛公先攻破秦軍，進入咸陽，對秦室的財富絲毫不敢動，封閉宮室，撤軍到霸上，以等待大王您的來臨。所以派遣將士守關，是為了防備盜賊的入侵和突如其來的變故。這樣勞苦功高，沒有得到封侯的獎賞，而您卻聽信小人的讒言，想誅殺有功的人，這樣做豈不是走暴

秦王有虎狼之心，殺人如不能舉（窮盡），刑（動詞，刑罰）人如恐不勝（ㄕㄥ，盡），天下皆叛之。懷王與諸將約曰：『先破秦入咸陽者王之。』今沛公先破秦入咸陽，毫毛不敢有所近，封閉宮室，還軍霸上，以待大王來。故遣將守關者，備他盜出入與非常也。勞苦而功高如此，未有封侯之賞，而聽細說（讒毀之言），欲誅有功之人。此亡秦之續耳，竊為大王不取也。」項王未有以應，曰：「坐。」樊噲從良坐。坐須臾，沛公起如廁，因招樊噲出。

（五）沛公已出，項王使都尉陳平召沛

秦的舊路嗎！我認為大王這樣做事是不可取的。」項王沒有回應，只說：「坐吧！」樊噲於是挨著張良坐下來。坐了一會兒，沛公起身去廁所，順便把樊噲叫出來。

（五）沛公出來後，項王派都尉陳平去找沛公。沛公說：「現在我出來了，沒有告辭，這該怎麼辦！」樊噲曰：「做大事的人是不須拘泥枝微末節，行大禮的人不須講究小謙讓。如今，別人正像是菜刀和砧板，而我們像是砧板上快被宰割的魚和肉，還要告辭什麼呢？」於是決定離開，並命令張良留下來謝罪。張良問：「大王來時攜帶了什麼禮物？」沛公說：「我帶了白璧一雙，想獻給項王；玉斗一雙，想送給亞父。正好遇到他們發怒，不敢奉上，你替我送給他們。」張良說：「遵命！」當時，項王的軍隊駐紮在鴻門一帶，沛公的駐軍在公。沛公曰：「今者出，未辭也，為之奈何？」樊噲曰：「大行不顧細謹（細節），大禮不辭小讓。如今人方為刀俎（ㄗㄨˇ，砧板），我為魚肉，何辭為？」於是遂去。乃令張良留謝（道歉）。良問曰：「大王來何操（拿）？」曰：「我持白璧一雙，欲獻項王；玉斗一雙，欲與亞父，會（適逢）其怒，不敢獻，公為我獻之。」張良曰：「謹諾。」當是時，項王軍在鴻門下，沛公軍在霸上，相去四十里。沛公則置車騎，脫身獨騎，與樊噲、夏侯嬰、靳彊（ㄐㄧㄣˋ ㄑㄧㄤˊ）、紀信等四人，持劍盾步走（徒步快跑），從酈山下，道（經過）芷陽閒（ㄐㄧㄢˋ，抄小路）行。沛公謂

霸上，兩地相距四十里。沛公拋棄來時的車駕和騎兵，脫身溜掉，他一人騎馬，樊噲、夏侯嬰、靳彊、紀信等四人，手持劍盾跟隨在後，徒步快跑，從酈山而下，經由芷陽抄小路走。沛公對張良說：「從這條路回到軍營，不過二十里罷了；估計我們到達軍營的時候，你再進去謝罪。」沛公已經離去，抄近路回到軍營，張良才入帳謝罪，說：「沛公不勝酒力，不能親自告辭。委派臣下謹奉白璧一雙，恭敬獻給大王足下；玉斗一雙，恭敬奉給大將軍足下。」項王說：「沛公現在在什麼地方？」張良說：「聽說大王有意責備他的過錯，脫身獨自回去，想必已經回到軍營了吧。」項王聽完後就接受了璧玉，放在坐位上。亞父接過玉斗，丟在地上，拔劍擊碎它，說：「唉！項羽這小子！不能和他共同圖謀大事！將來

張良曰：「從此道至吾軍，不過二十里耳，度（ㄉㄨㄛˊ，估算）我至軍中，公乃入。」沛公已去，閒至軍中，張良入謝（謝罪），曰：「沛公不勝桮杓（ㄅㄟ ㄕㄠˊ，借指酒力），不能辭，僅使臣良奉白璧一雙，再拜獻大王足下；玉斗一雙，再拜奉大將軍足下。」項王曰：「沛公安在？」良曰：「聞大王有意督過（責備）之，脫身獨去，已至軍矣。」項王則受璧，置之坐上。亞父受玉斗，置之地，拔劍撞而破之，曰：「唉！豎子（罵人的話）！不足與謀，奪項王天下者，必沛公也，吾屬（我們）今為之虜矣。」沛公至軍，立誅殺曹無傷。

奪取項王天下的人，一定是沛公啊，我們這些人注定要成為他的俘虜了！」沛公回到軍營，立即誅殺了曹無傷。

歷年考題

一、下列是一段現代散文，依據文意，甲、乙、丙、丁、戊排列順序最適當的是：

一個強者，一旦洩漏人性軟弱的一面，

甲、在如此巨力之前　乙、此所以當時帳中諸將皆泣，莫能仰視

丙、項羽、虞姬生死不移之至情　丁、其震撼人心的巨力，實難抵禦

戊、凡人不由得會畏懼震怖，心魂無主

實在已足糞土王侯。（方瑜〈項羽——超級巨星〉）

(A)丁甲戊乙丙　(B)丁乙丙戊甲　(C)戊甲乙丙丁　(D)戊乙丁甲丙

109年大學指考

二、閱讀下文，回答1-2題。

司馬遷《史記》所發展出來的「紀傳」體，不但奠定往後正史的寫作形式，在敘事形態上，亦將敘述重點由記錄對話、敘述情節的因果，轉移到捕捉一個個特殊人物的性格與命運。終於，個人，一個具有特殊個性完整人格的個人成為注視的焦點。人不再附屬於事，而是人創造了種種的事。因此，具體的人，一個個獨特的個人才是最終的主體。……由於篇章、文章的觀念戰國末年已出現，

在《史記》刻意區分的篇章中更是顧慮到全文情調的統一。同一歷史事件，記述在不同篇章，由於傳述的是以不同的人物為主體，配合人物特別的生命情調，以及他們與歷史事件的關連，往往呈現不同的風味、不同的意義。司馬遷隱藏了單一作者的聲音，綻放出來的卻是眾多人物的多元宇宙，是多重音色的自呈與交織。因此，《史記》展現的不僅是繽紛多姿的人物性格之美，更是從悲壯到滑稽，由崇仰到諷刺各種類型的敘事筆調之美。（改寫自柯慶明〈中國文學之美的價值性〉）

1. 依據上文，下列敘述**不適當**的是：
(A)《史記》所發展出來的「紀傳」體，奠定之後正史的寫作形式
(B) 在《史記》中，具有特殊性情完整人格的個人成為注視的焦點
(C) 在《史記》不同篇章中，同一歷史事件往往呈現不同的風味與意義
(D)《史記》展現的不是人物性格之美，而是各種類型的敘事筆調之美

2. 依據上文，下列推論最適當的是：
(A) 司馬遷作〈項羽本紀〉時，篇章、文章觀念尚未產生
(B) 為求篇章完整，楚漢相爭一事只記錄在〈項羽本紀〉
(C)〈項羽本紀〉敘述重點是項羽的特殊性格與特殊命運
(D)〈項羽本紀〉欠缺記錄對話、敘述情節的因果等內容

108年大學指考

（解答—A、1D、2C）

第三章

02

尋找橫空出世的眞命天子

——杜光庭〈虯髯客傳〉

／文本分析與解讀／

文本背景——充滿懸念的傳奇之「奇」

〈虯髯客傳〉為唐傳奇之名作，屬於文言小說，在中國小說史上，傳奇和話本小說不同，話本小說出於民間藝人，而傳奇的作者為文人。〈虯髯客傳〉一文中有三個主要人物角色：虯髯客、紅拂女、李靖，即後世所謂的「風塵三俠」，故事是以隋朝末年社會動亂，群雄逐鹿，爭逐帝位，李唐最後統一天下為背景。小說中，虯髯客亦是有意爭逐天下的英雄之一，後因親見李世民，自認李乃真天子是也，便自動退讓，後來更是將財富悉數捐給李靖，讓李靖協助李世民一匡天下，展現十足英雄豪邁之風，而自己則到扶餘國另起爐灶。小說全文有幾層思想值得注意：一、君權神授，二、唐有天下乃天命所歸，三、真人之興，非英雄所冀，況非英雄者乎。這些思維對於李氏擁有唐政權一事，認為有其必然性，是天命之所歸，這是略帶有迷信思維及政治意涵的。

文本分析

〈虯髯客傳〉一文作於晚唐，文言小說已經相當成熟，全文頗長，然而幾乎都由散句敘述和人物對話構成，充分表現了古文敘事記言的功能。小說中，人物形象的刻劃是構成情節發展的重要元素。本文中三個主要角色的設定靈活且立體，人物形象極為傳神而生動。因此本文的重點可就人物的描摹來作為重要之分析標的。因此，人物形象的刻劃可就其「語言呈現」來突顯，而小說中的語言可就「對話語言」（該人物與他人的對話）及「敘述語言」（透過作者文字描述來狀擬人物形貌及心理等）兩大面向來體現（詳下圖表）。我們先透過上述兩大面向的視角來審視風塵三俠，藉由語言分析以呈現文本脈絡的推進，那麼，整起小說情節的發展便昭然可見了。

人物性格	小說中主要場面	課文對應文句
紅拂女——見識非凡、機智大方、性格豪爽。	❶慧眼識李靖，夜奔廝守。	❶（敘述語言）當靖之騁辯也，一妓有殊色，執紅拂立於前，獨目靖，靖既去，而執拂妓臨軒，指吏問曰……吏具以對，妓誦而去。（對話語言）紅拂曰：「妾侍楊司空久，閱天下之人多矣，未有如公者。絲蘿非獨生，願託喬木，故來奔耳。」靖曰：「楊司空權重京師如何？」曰：「彼屍居餘氣，不足畏也。諸妓知其無成，去者眾矣。彼亦不甚逐也。計之詳矣。」
	❷面對虬髯客的唐突造訪，鎮靜以對，臨危不亂。	❷（敘述語言、對話語言）虬髯臥看紅拂梳髮，張（紅拂）熟視其面，一手握髮，一手映身，搖示令靖勿怒。急急梳頭畢，斂衽前問其姓。臥客答曰：姓張。對曰：妾亦姓張，合是妹。遽拜之。問：第幾？曰：第三。問：妹第幾？曰：最長。遂喜曰：今日幸逢一妹。張氏遙呼曰：李郎且來見三兄！靖驟拜之。遂環坐。
虬髯客——見識非凡、機智大方、性格豪爽。	❶旅舍中，臥看紅拂梳頭	❶（敘述語言）張氏以髮長委地，立梳床前。靖方刷馬。忽有一人，中形，赤髯而虬，乘蹇驢而來，投革囊於爐前，取枕攲臥。
	❷開革囊中，取一人頭切而共食之。	❷（對話語言）客曰：「吾有少下酒物，李郎能同之乎？」靖曰：「不敢。」於是開革囊，取一人頭並心肝，卻收頭囊中，以匕首切心肝，共食之。曰：「此人天下負心者，銜之十年，今始獲之，吾憾釋矣。」

李靖——器宇軒昂，意氣自若。

❶與楊素的對談

❷與虬髯的應對

❶（敘述語言）一日，衛公李靖以布衣來謁，獻奇策，素亦踞見之。靖前揖曰：天下方亂，英雄競起，公以帝室重臣，須以收羅豪傑為心，不宜踞見賓客。素斂容而起，與語大悅，收其策而退。

❷（對話語言）客曰：「觀李郎之行，貧士也，何以致斯異人。」曰：「靖雖貧，亦有心者焉。他人見問固不言，兄之問，則無隱耳。」具言其由。

（一）誰才是真命天子？

小說必要之背景：時亂

文章開頭立即揭示時局的混亂程度：「素驕貴，又以時亂，天下之權重望崇者，莫我若也。奢貴自奉，禮異人臣。」楊素傲慢無禮，連人臣禮節都不管不顧，可見國家的體制已凋零。若是如此發展下去，家國滅亡也不過是時間早晚的問題。這種情況下，誰能匡正秩序？此處隱含一位超凡人才，能夠統一天下之君主的必然性。

小說之開展與過程：英雄競起

1. 李靖：「李郎以奇特之才，輔清平之主，竭心盡善，必極人臣。」在亂世中，有抱負的英雄人物勢必會出面來拯救時局、力挽狂瀾，或成為賢臣，或成為明君。李靖是前者的代表。會見楊素時，他獻策的舉動體現了他身為謀士的本質。後來，他輔佐的對象從楊素改為李世民，這代表人才注定會歸順真命天子。

2. 紅拂：「閱天下之人多矣，無如公者。絲蘿非獨生，願托喬木。」紅拂的獨到之處在於她的眼光，天下英雄何其多，但是如何分辨誰是真正人才？真人固然自有光采，但是能洞察其資質，也是難得的識人之明。

3. 虬髯客與李靖和紅拂的層次不同，他不是人臣，他是能成為一方霸主的人。切肉餵驢、食負心者心肝顯露出他不拘小節，愛憎分明的豪俠本色。觀氣識人的本領和萬貫家財凸顯出他的出類拔萃，然而即使是這樣的英雄，也無法從李世民手中奪得天下，這再次證明了真主不可撼動的地位。

風塵三俠的人物形象，各自從正面、反面來襯托「真命天子」。

總結：天下之歸宿

「今既有主，住亦何為？太原李氏，真英主也。三五年內，即當太平。」、「聖賢起陸之漸，際會如期，虎嘯風生，龍騰雲萃，固非偶然也。」、「乃知真人之興也，非英雄所冀，況非英雄者乎？人臣之謬思亂者，乃螳臂之拒走輪耳。我皇家垂福萬葉，豈虛然哉？」

全文的中心思想在文末藉由虬髯客之口說出，以呼應開頭所言的「真命天子觀」。故事結束後，作者又再度強調了此言，認為覬覦皇位者行為之不該，因為天意絕非虛假，必然成為現實。此說是為李世民得天下之事，表述其「必然性」。

（二）以神祕與懸想釀造的情節

〈虬髯客傳〉作為唐傳奇的經典之作，豪俠小說的典型，自然有其獨到之處，上節談及人物形象塑造的類型化；接著，將引領讀者從人物形象帶出情節鋪排，這是特殊的呈現方式，以下就「傳奇」之「奇」為軸線，分析情節的奇異及神祕處。

第一層神祕在於人物形象的刻畫。李靖向楊素進諫之時，紅拂的形象是：

> 一妓有殊色，執紅拂，立於前，獨目靖。靖既去，而執拂者臨軒指吏，問曰：「去者處士第幾？住何處？」吏具以對，妓頷而去。

李靖回到旅館後：

> 靖歸逆旅，其夜五更初，忽聞叩門而聲低者，靖起問焉。乃紫衣戴帽人，杖揭一囊。靖問：「誰？」曰：「妾，楊家之紅拂妓也。」靖遽延入。脫衣去帽，乃十八九佳麗人也。素面華衣而拜。靖驚答拜。答曰：「妾侍楊司空久，閱天下之人多矣，未有如公者。絲蘿非獨生，願託喬木，故來奔耳。」靖曰：「楊司空權重京師，如何？」曰：「彼屍居餘氣，不足畏也。諸妓知其無成，去者眾矣。彼亦不甚逐也。計之詳矣，幸無疑焉。」問其姓，曰：「張。」問伯仲之次，曰：「最長。」觀其肌膚、儀狀、言詞、氣性，真天人也。

以上這段文字描述讓紅拂的女子形象在小說中有了重大的提升，寫美女不以容貌為先，而是先用**表情**（獨目靖），次用**動作**，主動奔李靖居所，再用**對話**，主動說明「來奔」是出於對李靖的傾慕（未有如公者）和政治遠見（彼屍居餘氣，不足畏也），願意棄權重一時之顯貴，來奔貧窮「處士」李靖。這些異常，皆為麗人紅拂主動。此後，情節發展才從李靖的眼中見出此女之美：「觀其肌膚、儀狀、言詞、氣性，真天人也。」雖然說是天人也，也沒有更多細節的描摹，只以「肌膚、儀狀、言詞、氣性」等概括之語來說話，不過，紅拂之美已呼之欲出。其中，更值得注意的是作為道具的「紅拂」，「拂塵」一般為佛道高人手執之物，作者意圖從形象上改變「妓」的氣質，此處道具的使用提高了人物形象；而主動投奔之舉，又改變了人物的性質，並且，紅拂與李靖的關係似乎不再是侍妾與權貴，而是佳人才子。

若從中國傳統階級概念而言，李靖這個形象應當是小說中的主角，但是，作者不願怠慢了美女配角，亦不想喧賓奪主，所以，讓李靖與紅拂兩人的關係沒有高低與尊卑之別。反而，在部分細節處，展現出紅拂沉穩與成熟的智慧。舉例來說：虯髯客的出場是從無禮臥看紅拂梳髮之舉起，李靖怒，而紅拂則是冷靜地與虯髯客交談。

虯髯客形象之展示，大致如同紅拂，杜光庭用史家傳統筆法，不取心理描寫，僅取記事（敘述動作）和記言（對話）來呈現。虯髯客出場之動作：初為臥看美女梳頭，次與李靖對飲：「開革囊，取一人頭並心肝，卻收頭囊中，以匕首切心肝共食之。」如此血腥而從容，頗有驚心動魄的效果。虯髯客之不顧禮節、豪邁雄渾，與紅拂李靖之佳人才子形象，形成強烈對比。

三人相識相知之後，自此，虬髯客遂逐漸取代紅拂成為小說主角。其形象，並未沿著當初的血腥暴力線索而強化，反倒是是透過層層懸念以展示，反覆突出其神祕性，逐步揭示其政治性意義。先是欲借李靖見太原有「異人」，獲得同意，卻不與李靖同行，而是與李靖相約異日異地相見：

> 「達之明日，方曙，候我於汾陽橋。」言訖，乘驢而去，其行若飛，回顧已失。靖與張氏且驚懼。

「異人李氏」，也就是後來的唐太宗。在天下大亂之際，風塵三俠彼此對政治人物前景的預測，所見略同，是很投緣的事，但是，虬髯客行事卻很神祕，引起李靖心理上的「驚懼」。虬髯客人物形象的神祕性，表現為血腥從容，越禮豪雄；一去無影，來卻有信。其神祕性還表現在：「相期太原，如約而至。」目的是通過與李靖相識的劉文靜（歷史人物，唐開國功臣），打算親見「李氏異人」，但是，又不直接說明來意，而是藉口有善於相面者欲見之。

> 太宗至，不衫不履，裼裘而來，神氣揚揚，貌與常異。虬髯默居坐末，見之心死。飲數杯，招靖曰：「真天子也！」

唐太宗出場，穿著便服，憑其「神氣揚揚，貌與常異」，使坐在最遠處的虬髯客「見之心死」，呈現絕對崇拜，並且對李靖作出「真天子也」、「十八九定矣」暗語，據此，虬髯客和李世民照理應該拜見如儀了。

但是，**第二度神祕性**出現了，這位政治上的遠見之人，提出還要讓一位道兄觀察一下，但並不直接言明為什麼要請道兄觀察一下。於此，可見虬髯客已經擺脫之前那種越禮粗獷的形象，而逐步顯示出其於政治及識見上的突出之處。

此後開始的神祕性，則安排在情節的難以推測及其層層遞進之上。

第三次神祕性則是虬髯客要李靖和紅拂復入京城：

某日午時，訪我於馬行東酒樓下，下有此驢及一瘦騾，即我與道兄俱在其上矣。

就這樣「又別而去」。此番神祕在於，作為辨認標誌為什麼是驢？這頭驢，在虬髯客出場時，就出現過一次，作者覺得讀者可能忽略了，又一次把它點出來。比之於馬，驢是相對廉價的，而騾子則沒有生殖力，也比不上馬的高貴，這些細節似乎暗示虬髯客的經濟並不富裕。但，一切是否如此呢？情節的神祕性依序展開：初似一落拓不羈之平民，後流露出某種政治圖謀。神祕性的來去，構成懸念，此乃傳奇常用之逐步透露法。

李靖和紅拂準時到達，果見驢騾。上酒樓，見「虬髯與一道士方對飲」。告之：「樓下櫃中有銀十萬。」一個出行只用驢的人，居然有這麼多的財富，這是情節上**第四度神祕**了。

第五度神祕是，這麼多的財富，虬髯客並不急於立刻貢獻，而是相約異時、異地（汾陽橋）相見。

> 李靖與紅拂如期而至，道士奕棋，請李世民觀棋。世民一來，其形象「精采驚人，長揖就坐，神清氣朗，滿坐風生，顧盼煒如」，道士乃罷棋局，謂虬髯曰：「此世界非公世界也，他方可圖。」

用今天的話來說，這段是說，整個天下已經不是你虬髯客的了，你只能到別的地方去謀求發展，這是從政治上預言了後來的歷史。此刻，虬髯客決心把財富奉獻給李靖、紅拂以輔佐李世民了。

第六度神祕是，前此曾提及銀子就在樓下，如今卻說請到另外一個「小宅相訪」。「言畢，吁嗟而去。」虬髯就如此神祕地消失了。李靖紅拂如期而至。起初果然是小宅（一小板門），但是，進入以後，超乎想像的是門第森嚴。而**第七度神祕**，也就是**最後一度神祕**則是小宅內部的人物、擺設超脫想像：

> 延入重門，門益壯麗，婢四十人羅列庭前，奴二十人引靖入東廳。廳之陳設，窮極珍異，巾箱、妝奩、冠鏡、首飾之盛，非人間之物。巾櫛妝飾畢，請更衣，衣又珍奇。

等到虬髯客出來，竟是和李世民差不多的裼裘而來，不過多了一頂「紗帽」，但有「龍虎之姿」。此刻，虯髯客的形象突然變得豪貴起來。與第一次出場的騎著驢子，隨便躺在地上看紅拂梳頭，從革囊中取出人頭，食人心肝的形象相反，完全是豪門貴族氣派。當其對飲之時，陳女樂二十人，列奏於前。飲食妓樂，若從天降，實非人間之曲度。這樣的豪華宴飲，若是以駢文來寫，當有極盡華彩之鋪陳，然而，此為古文小說，「二十人列奏於前」、「若從天降」、「非人間之曲度」，就足夠反襯從前虯髯客騎驢出場之隨意了。

家人自堂東舁出二十床，各以錦繡帕覆之，既陳，盡去其帕，乃文簿鎖匙耳。虯髯曰：「此盡是寶貨泉貝之數，吾之所有，悉以充贈。」

這不但一反昔日之貧態，而且也比前此所說的銀十萬，更增百倍。罄其所有，無條件相贈。不但是財富的贈與，而且命家童列拜曰：「李郎、一妹，是汝主也。」自己只帶妻子和一個隨從，騎馬，然後飄然而去。

這是神祕的最高潮，如此的豪爽，萬金不惜一擲。這種氣質，顯然帶著傳統文化中的俠義之氣。按金庸的說法，虯髯客對李靖的眷顧，完全是起因於對紅拂女的喜愛，是彼此相惜且義氣為重之喜愛。

虯髯客的饋贈，不僅僅是出於上述之俠義，更是出於政治理性的考量。謎底揭曉，原來此人也是有政治宏圖的：

或當龍戰三二十載，建少功業。今既有主，住亦何為？太原李氏，真英主也。

此處說得很謙虛，說是「建少功業」，然而，政治上雄心是很大的，虬髯客的俠義之氣與政治宏圖結合起來，表現為果斷和豪爽：既然確認了真正的「英主」是李世民，不是自己之後，他毅然決然放下。這種放棄不是一時心血來潮，而是經過多方神祕考察後得出了結論，有了此「異人」，「三五年內，即當太平。」亦即結束混戰，國家統一，定於一尊。此情節聯繫到晚唐軍閥割據，混戰連年，生靈塗炭，這種政治遠見指導下的仗義輕財之特點，乃是義無反顧的果斷，明辨大局的大英雄之舉。虬髯客不是沒有能耐，而是出現了更有能耐的人物，他不但不參與爭奪了，而且無條件地捨己為人為天下蒼生，幫扶真主。「靖據其宅，乃為豪家，得以助文皇締構之資，遂匡天下。」不但如此，連李靖的兵法，也是虬髯客所傳（衛公之兵法，半是虬髯所傳也）。

最後，作者似意猶未盡，還直接發表議論（以往的史傳，史家要發表議論，往往以「君子曰」、「太史公曰」、「論曰」之語領起，然後才發議論。〈虬髯客傳〉中，沒有這些領起之辭，而是直接發議論），對混戰中的野心家發出警告：「人臣之謬思亂者，乃螳臂之拒走輪耳。我皇家垂福萬葉，豈虛然哉！」

整部小說，以超越讀者的預期心理來發展，透過許多的神祕及懸想，層層遞進釀造出情節的張力與節奏，傳奇小說之「奇」的特色，於此嶄露無遺。

／閱讀思辨／

一、從思路上來說，本文有些前後不甚統一之處，開頭強調隋煬帝幸洪都，楊素驕橫，天下方亂，似乎局勢之亂是亂在楊素之擅權輕士。這樣的背景建置與後文之李世民雄才大略，將主天下，於邏輯上，沒有因果關係。此外，若從文學視角而言，本文結構尚未達到一個有機的、統一的組合體。你的看法呢？

二、其次，小說在角色人物的刻劃上也有輕重之別。前文中比較充分表現的紅拂，到了小說後段就失去了角色的動機及形象意義了，完全轉為虯髯客主導，李靖更是如此。這種變化，可能與作者過分執著於創作意圖，並且想把唐太宗的形象凸顯出來有關，你認為呢？有沒有其他看法？

／跨域思維／

封建與民主制度的優缺點

〈虯髯客傳〉一文中在呈現「君權神授」，李世民得天下是天命之所歸的企圖明顯，這是我們在閱讀本文，從情節脈絡來審視時，覺得有些「卡卡的」部分。古代推行封建君主制，君王以「君權神授之說」來獲取統治的正當性。這樣的想法在當代善於理性思考與民主制度的人類看來，似乎是迷信且愚昧的。因此，我們認為古人似乎無法決定自己的未來，只能祈禱皇帝是一位賢明的人，好引領國家與人民。

當今時代，大眾認為選賢與能才能帶來最大的社會福祉，保證社會以健全的方式運轉，但是，事實真的是如此嗎？

以臺灣為例，民主制度為公民帶來了票選總統的權利，不過，每個人出於身分、立場與利害問題等各種考量，心中對於最優人選的標準全都不同，各人有各人的道理。那麼，民眾該以誰的想法為標準，去選擇適合的候選人？在爭奪話語權的過程中，紛爭與衝突就產生了。

從實際情況來看，民主制度並不能如我們所想的那樣順利實施，它會因為眾人的意見隔閡而產生優劣各生的後果。從「意見整合」的層面來說，傳統封建制度全由君王定奪國家行進方向，反而能比民主制度更快訂制規則，推動措施。

這麼說來，民主制度與封建制度之間的差異，就不是用進步與落後立刻即可以簡單說明，它們有各自的優缺點，施行時也有不同的困境要面對。

〈虬髯客傳〉中的李世民在封建制度中或許是理想國君的代表，他能使國運再度昌隆，營造盛世，從而實現「統治」的根本目的——創造所謂合適統一的生活。

杜光庭寫下〈虬髯客傳〉，期許亂世能有一位真命天子救家國於危難中，他期待封建制度能往光明的方向走去；現代人則是透過互相討論，釐清不同制度的利弊，冀望社會能夠透過正反辯證而得到修正，親手打造更好的明天，而不是寄託所有希望於某一個所謂「君權神授」的天子。你認為「封建制度」與「民主制度」的優點與缺點各是什麼呢？

（創意共享：彰化師大國文系賴思穎、黃郁淇、陳雅麗）

文本閱讀

【原文】

（一）隋煬帝之幸江都也，命司空楊素守西京。素驕貴，又以（因為）時亂（時局動盪），天下之權重望（聲望）崇者，莫我若也（比不上我），奢貴自奉，禮異人臣。每公卿入言，賓客上謁（ㄧㄝˋ，拜見），未嘗不踞床而見，令美人捧出，侍婢（ㄅㄧˋ）羅列，頗僭（ㄐㄧㄢˋ，超越本分行事）於上。末年益甚，無復知所負荷，有扶危持顛之心。

（二）一日，衛公李靖以布衣來謁（ㄧㄝˋ），獻奇策，素亦踞見之。靖前揖曰：「天下方（正）

【翻譯】

（一）隋煬帝巡幸江都，命令司空楊素留守西京。楊素既驕傲又自大，又因為時局混亂，認為天下位高權重的人，沒有人比得上自己，日常生活極其奢侈，禮節排場也超出臣子所應有的。每逢公卿大臣來報告事情，或有賓客拜謁，楊素都踞坐在床榻上接見，並令一群美女將他抬出來見客，所有侍婢排列兩旁，排場簡直超越皇帝。到晚年這種情況更加嚴重，不再關心自己所應擔負的責任，也沒有拯救艱危、安定天下的決心。

（二）有一天，衛國公李靖以平民的身分去謁見楊素，獻上奇策。楊素依舊是以輕慢無禮的態度接見。李靖上前作揖，說：

亂，英雄競起，公為帝室重臣，須以收羅豪傑為心，不宜踞見賓客。」素斂容（端正表情儀容）而起，與語，大悅，收其策而退。

（三）當靖之騁辯也，一妓有殊色，執紅拂，立於前，獨目（動詞，注視）靖。靖既去，而拂妓臨軒（窗戶）指吏，問曰：「去者處士第幾？住何處？」吏具（詳細）以對，妓頷（ㄏㄢˋ，點頭）而去。

（四）靖歸逆旅（旅舍），其夜五更初，忽聞叩門而聲低者，靖起問焉。乃紫衣戴帽人，杖揭（掛）一囊。靖問：「誰？」曰：「妾，楊家之紅拂妓也。」靖遽（立刻）延入。脫衣去帽，乃

「天下正亂，英雄競相崛起。您身為朝廷重臣，應該設法網羅天下豪傑之士，不該傲慢地接見賓客。」楊素立刻端正神情，並站起身，和他交談，談得非常高興，並收下李靖獻納的策書。

（三）正當李靖在楊素面前滔滔不絕辯論之時，有一女子相貌出眾，手執紅色拂塵，站在前面，特別看著李靖。李靖離開之後，執拂塵的女子靠著窗戶指著外面的侍衛說：「剛離開的那個讀書人是誰？住在哪裡？」侍衛一一回答了，女子點點頭就離開了。

（四）李靖回到旅館，當晚的五更初，忽然聽見輕輕的叩門聲，李靖起身詢問。赫然發現是一個身穿紫衣戴帽的人，手杖上掛個囊袋。李靖問：「誰？」答道：「我是楊素家執紅拂的女子。」李靖於是請她進來。一進

十八九佳麗人也。素面（臉龐素淨）華衣而拜。靖驚答拜。曰：「妾侍楊司空久，閱天下之人多矣，未有如公者。絲蘿非獨生，願託喬木，故來奔耳。」靖曰：「楊司空權重京師，如何？」曰：「彼（他）屍居餘氣，不足畏也。諸妓知其無成，去（離開）者眾矣。彼亦不甚逐也。計（計謀）之詳矣。幸（希望）無疑焉。」問其姓，曰：「張。」問伯仲之次，曰：「最長。」觀其肌膚、儀狀、言詞、氣性，真天人也。靖不自意（沒料到）獲之，愈喜懼，瞬息（短時間）萬慮不安，而窺戶者足無停屨（ㄐㄩˋ，鞋子）。既數日，聞追訪

屋內，女子便脫去紫衣摘去帽子，竟是一個十八、九歲的美麗佳人。臉龐素淨，身著華麗的衣裳，向李靖下拜。李靖驚喜地還禮。女子說：「我侍奉楊素有一段時間了，所看的天下人也多了，卻沒有比得上你的。菟絲、女蘿不能獨自生長，希望能托身在喬木上，所以來投奔你了。」李靖說：「可是楊司空在京師的權力很大，怎麼辦？」紅拂女答：「他不過是垂死之人，不值得畏懼。服侍他的所有女子都知道他成不了事，離開的人也愈來愈多了。他也不太追究。我已經考慮得很周詳了，希望你不要疑慮。」李靖問她的姓，答：「姓張。」問她排行，答：「最長。」看她的肌膚、儀容舉止、言談、脾氣性情，真像天仙一般。李靖意外獲得這樣一個女子，既高興也害怕，一時間變得十分憂慮不安，不停地窺看屋外（看是否有人追蹤而至）。過

之聲，意亦非峻，乃雄服乘馬，排闥（ㄊㄚˋ，門）而去，將歸太原。

（五）行次（住宿）靈石旅舍。既設床，爐中烹肉且（將）熟，張氏以（因為）髮長委地，立梳床前。靖方刷馬。忽有一人，中形，赤髯而虬，乘蹇（ㄐㄧㄢˇ）驢而來，投革囊於爐前，取枕欹（ㄑㄧ，傾斜）臥，看張氏梳頭。靖怒甚，未決（沒有發作），猶刷馬。張熟視（仔細端詳）其面，一手握髮，一手映身搖示，令勿怒。急急梳頭畢，斂衽（整飭衣襟）前問其姓。臥客答曰：「姓張。」對曰：「妾亦姓張，合（應該）是妹。」遽（立即）拜之。問：「第幾？」

了幾天，也聽說楊司空派人追查尋訪，但沒有很緊急的意思，於是紅拂女就假扮男裝，乘馬出城，和李靖一道回太原去。

（五）兩人一路到了靈石，投宿在一家旅舍中。鋪好床，爐中所烹煮的肉也快熟了。張氏因為頭髮很長，不適合坐著整理，於是將頭髮置於地，站在床前梳頭。李靖則在刷馬。忽然有一個人，中等身材，滿臉都是捲曲的紅鬍鬚，騎著一匹跛驢而來，一進來便把皮革囊袋丟在爐前，拿過枕頭斜躺著，看張氏梳頭。李靖非常生氣，但沒有發作，還在刷馬。張氏仔細注意來者的面容，一手握著頭髮，一手放在身後向李靖搖手示意，請他不要發怒。張氏急忙梳完頭，整理衣襟上前去問那人姓氏。那人回答：「姓張。」張氏回答道：「我也姓張。應該算是妹妹」。說完便向他

曰：「第三。」問：「妹第幾？」曰：「最長。」遂喜曰：「今日幸逢一妹。」張氏遙呼曰：「李郎且來見三兄！」靖驟拜之。遂（於是）環坐。曰：「煮者何肉？」曰：「羊肉，計已熟矣。」客曰：「飢甚！」靖出市（買）胡餅。客抽腰間匕（ㄅㄧˇ）首，切肉共食。食竟（完），餘肉亂切送驢前食之，甚速。客曰：「觀李郎之行，貧士也，何以致斯異人（獲得這位佳人）？」曰：「靖雖貧，亦有心者焉。他人見問，固（必定）不言，兄之問，則無隱耳。」具（詳細）言其由。曰：「然則將何之？」曰：「將避地太原耳。」曰：「然，

行禮。問他排行第幾。他說：「第三。」他也問張氏第幾，答：「最長。」客人高興地說：「今天真幸運遇上一妹。」張氏遠遠地召喚李靖：「李郎快來拜見三哥。」李靖急忙拜見。於是三人圍著桌子坐下。客問：「這裡面煮的什麼肉？」答：「羊肉，應該已經熟了。」客說：「我很餓。」李靖出去買了些燒餅。客人抽出腰間的匕首，切羊肉大家一起吃。吃完，將剩下的肉隨便切了切拿去餵給驢吃，速度很快。客人說：「看李郎的樣子，應該是個貧士，如何能娶到這得的美麗佳人？」李靖說：「我雖貧困，也是個有志向之人。別人問我，我一定不說。既然兄長你問起了，我就不瞞你。」李靖便仔細說出事情的由來。客問：「那你們要去哪？」李靖說：「要到太原躲避。」客說：「是啊，所以我說像妹妹這樣的女子不是你能娶得到

吾故謂非君所能致也。」曰：「有酒乎？」曰：「主人西則酒肆（ㄙˋ，酒店）也。」靖取酒一斗，酒既巡，客曰：「吾有少下酒物，李郎能同之乎？」靖曰：「不敢。」於是開革囊，取一人頭並（和）心肝，卻（退）收頭囊中，以匕首切心肝，共食之。曰：「此人天下負心者，銜（銜恨）之十年，今始獲之，吾憾釋矣。」又曰：「觀李郎儀形器宇，真丈夫也。亦知太原有異人乎？」曰：「嘗見一人，愚謂之真人也。其餘，將相而已。」曰：「何姓？」曰：「靖之同姓。」曰：「年幾？」曰：「近二十。」

的。」客又問：「有酒嗎？」李靖說：「旅舍西邊就是個酒肆。」李靖出門買來一斗酒。酒過一巡後，客說：「我有些下酒物，你能和我一起吃嗎？」李靖說：「不敢。」於是客人打開皮囊，取出一顆人頭和一副心肝，又把人頭扔回囊中，用匕首切心肝，和李靖一塊吃。說：「這人是天下的負心人，我已經恨他十年了，如今才抓到，心頭之恨終於消除了。」又說：「看李郎你的儀表氣度，是真正的男子漢。你聽說過太原是否有不尋常的人物嗎？」李靖答：「認識一個人，我認為他是真命天子。其餘的人不過是將相罷了。」客問：「他姓什麼？」李靖答：「和我同姓。」客說：「多大年紀？」答道：「大概二十歲左右。」客說：「他現在做什麼？」李靖說：「他是州將的兒子。」客說：「應該就是他了。我還必須親自見見他。你能

曰：「今何為？」（現在在做什麼）曰：「州將之愛子也。」曰：「似矣，亦須見之，李郎能致吾一見否？」曰：「靖之友劉文靜者，與之狎（ㄒㄧㄚˊ，親近），因文靜見之可也。然兄欲何為？」（你要做什麼？）曰：「望氣者言太原有奇氣，使吾訪之，李郎明發，何日到太原？」靖計之。曰：「某日當到。」曰：「達之明日，方曙（ㄕㄨˋ，天亮），候我於汾（ㄈㄣˊ）陽橋。」言訖（ㄑㄧˋ，完畢），乘驢而去。其行若飛，回顧已遠。靖與張氏且驚且懼，久之，曰：「烈士不欺人，固無畏。」促鞭而行。

(六)及期，入太原候之。相見大喜，

安排我見他一面嗎？」李靖說：「我的朋友劉文靜和他親近，透過劉文靜應該可以見他。但是你幹嘛要見他呢？」客說：「算命望氣的人說太原有奇異的氣象，讓我探個究竟。李郎你明天出發，大概何日能到太原？」李靖計算到達的日子說：「某日應該會到。」客說：「你到達的第二天，天剛亮時，在汾陽橋等我。」說完，便騎驢離去，速度如飛，回頭再看就不見蹤跡了。李靖和張氏又驚又喜，很久才說：「豪俠之士是不會騙人的，不用害怕。」於是快馬加鞭趕路。

(六)到了約定的日子，進入太原等待虬髯客。一見面大家都十分高興，於是一同去劉文靜家。對劉文靜謊稱：「有個善於看面相的人想拜見李世民，請你把他接來。」劉文靜本來就覺得李世民並非常人，偕詣（一ˋ，造訪）劉氏，詐謂文靜曰：「有善相者，思見郎君，請迎之。」文靜素（一向）奇其人（指李世民），一旦聞有客善相，遽致酒延焉。既而太宗至，不衫不屨（ㄐㄩˋ），裼裘（ㄒㄧˊ ㄑㄧㄡˊ）而來，神氣揚揚，貌與常異。虬髯默居坐末，見之心死，飲數杯，招靖曰：「真天子也。」靖以告劉，劉益喜，自負。既出，而虬髯曰：「吾得十八、九矣，然須道兄見之。李郎宜與一妹復入京，某日午時，訪我於馬行（ㄏㄤˊ）東酒樓下，下有此驢及一瘦騾，即我與道兄俱（一起）在其上矣。到即登焉。」又別而去，公與張

一聽說有客人善於看相，就立即準備酒席派人把李世民迎來。不久李世民到了，只穿便衣便鞋，披著裘衣就來了，卻顯得神采飛揚，容貌與常人不同。虬髯客默不作聲，坐在末位，看見李世民就死了心，酒喝了幾巡之後，起身叫喚李靖過來，對他說：「他果然是真命天子！」李靖把這話告訴劉文靜，劉文靜更高興了，為自己識人不凡感到自負。離開之後，虬髯客說：「我已經可以確定八九成了，但必須請道兄親自見見他才行。李郎你應該和一妹再入京一趟，某日的午時，到馬行東邊酒樓下找我，若看到樓下有這頭驢和一頭瘦騾，就是我和道兄在樓上了。你到了就上樓。」說完又告別離去，李靖和張氏答應了。到了約定的日子依約前往，果然看見驢和騾。於是提著衣襟登上酒樓，虬髯與一道士正

氏復應之。及期訪焉，即見二乘（ㄕㄥˋ）。攬衣登樓，虯髯與一道士方對飲，見靖驚喜，召坐環飲。十數巡。曰：「樓下櫃中有錢十萬，擇一深隱處，駐一妹，畢，某日，復會我於汾陽橋。」

（七）如期至，道士與虯髯已先到矣，俱謁文靜。時方弈棋，起揖而語，少（ㄕㄠˇ，不久）焉，文靜飛書迎文皇（李世民）看棋。道士對弈，虯髯與靖旁侍焉。俄而文皇來，精采（精神氣度）驚人，長揖就坐，神清氣朗，滿坐風生，顧盼暐（ㄨㄟˇ，光亮的樣子）如也。道士一見慘然，斂棋子曰：「此局輸

在對飲，見李靖很是高興，招呼一起圍坐飲酒。酒過十多巡之後，虯髯客說：「樓下的櫃中有十萬錢，你選一隱密處把一妹安頓好，某日再到汾陽橋會我。」

（七）李靖在約定的日子到了汾陽橋，道士和虯髯客已經到了。三人一同去見劉文靜，劉文靜當時正在下棋，起身作揖之後就一起談話，一會兒，劉文靜趕緊快馬傳信派人請李世民來看棋。道士和劉文靜下棋，虯髯客和李靖在一旁陪著。不一會兒，李世民到來，精神風采讓人眼睛一亮，行禮完後入坐，神色清朗，言語出色，滿座之人皆為之吸引，目光炯炯有神。道士一見李世民，神色慘變，收起棋子說：「這局全輸了！在此失掉全局了！奇怪，竟然無路可救！還有什麼好說的呢！」就停止下棋，告辭離去。離開後，道士對

矣！輸矣！於此失卻局。奇哉！救無路矣！復奚（何）言！」罷（停止）弈請去，既出，謂虬髯曰：「此世界非公世界也。他方可圖。勉之，勿以為念！」因共入京。虬髯曰：「計李郎之程，某日方到。到之明日，可與一妹同詣（一ˋ）某坊曲小宅相訪。李郎相從一妹，懸然（家中貧困）如磬（ㄑㄧㄥˋ），欲令新婦祗謁（ㄓ 一ㄝˋ，拜見），兼議從容，無前卻（不要推辭）也。」言畢，吁嗟（ㄒㄩ ㄐㄧㄝ）而去。

（八）靖策馬遄（ㄔㄨㄢˊ，迅速）征，即到京，遂與張氏同往，乃一小板門子，叩之，有應者，拜曰：「三郎令候李郎、一娘子久矣。」延

虬髯客說：「這個世界不是你的世界，請到別的地方發展。好好努力，不要再想這件事了。」於是一起入京。分別的時候虬髯客對李靖說：「估算你的行程，要某日才到。到達的第二天，可與一妹同往某個巷中的小屋找我。你這樣跟一妹結為夫婦，家中卻窮得什麼都沒有，我想讓我的內人拜見兩位，順便談談以後的動向，請不要推辭啊。」說完，便歎息而去。

（八）李靖駕馬趕車，不久便抵達京城，與張氏同去拜訪虬髯客，見到有一小板門，敲門，有人應聲說：「三郎讓我們恭候李郎和娘子已多時了。」進入第二道門，門更為壯闊，四十位婢女，排列在庭前，二十位奴僕引領李靖進入東廳。廳上的陳列擺設，都是極為珍貴稀有的東西，箱子中各種裝扮的飾物非常多，都不像是人間

入重（ㄔㄨㄥˊ）門，門益壯麗，婢四十人羅列庭前，奴二十人引靖入東廳。廳之陳設，窮極珍異，巾箱妝奩（ㄌㄧㄢˊ）冠鏡首飾之盛，非人間之物。巾櫛（ㄐㄧㄝˊ，梳子）妝飾畢，請更衣，衣又珍奇。既畢，傳云：「三郎來！」乃虬髯紗帽裼裘而來，有龍虎之姿（威嚴雄偉的姿態），相見歡然。催其妻出拜，蓋亦天人也。遂延中堂，陳設盤宴之盛，雖王公家不侔（ㄇㄡˊ，相等）也。四人對饌訖（完畢），陳（陳列）女樂二十人，列奏於前，飲食妓樂，若從天降，非人間之曲度；食畢，行酒。家人自東堂舁（ㄩˊ，抬扛）出二十床，各以錦繡帕覆之。既

尋常之物。李靖夫妻裝飾完畢後，又被請去換衣，衣服也非常珍奇。換好衣服，有人傳話道：「三郎來了！」正是虬髯客，頭戴紗帽，身著裘衣而來，走起路來有龍虎之氣，相貌不凡，大家高興地相見。虬髯客催促他的妻子出來拜見，也是美若天仙。於是一起進入中堂，中堂擺設的酒筵非常豐盛，即使王公貴族之家也不能相比。四人入席後，又叫出二十位歌女，在面前排列演奏，一面吃飯一面欣賞表演，樂聲似從天降，不是人間的曲子，吃完飯，又行酒令。家人從東堂抬出二十個小桌子，每個都用錦繡織成的巾帕蓋著。擺放好後，全部揭去巾帕，原來是一些文簿和鑰匙。虬髯客說：「這全部是寶物錢幣的帳目，我所有的東西，全部贈送給你。為什麼要這樣做呢？我本以為自己可以在這

陳，盡去其帕，乃文簿鎖匙耳。虯髯謂曰：「此盡是寶貨泉貝之數，吾之所有，悉（全）以充贈。何者？某本欲於此世界求事，或當龍戰三二十載，建少功業。今既有主，住亦何為？太原李氏，真英主也。三五年內，即當太平。李郎以英特之才，輔清平之主，竭心盡善，必極人臣。一妹以天人之姿，蘊不世之藝，從夫而貴，榮極軒裳（享盡榮華富貴）。非一妹不能識李郎，非李郎不能榮一妹。聖賢起陸之漸（群雄乘時並起），際會如期（互相遇合有一定的約定）。虎嘯風生，龍吟雲萃（聚集），固非偶然也。將余之

世界成就一番事業，與各地豪傑征戰三、二十年，建立少許功業。現在既然真命天子已出現，還住在這裡幹什麼？太原的李氏，是真正的英明的君王！三、五年內，天下就應該會太平。李郎憑著出眾的才能，輔佐太平君主，全力為善，必定會達到人臣的最高位。一妹擁有天仙般的容貌，加上絕世的才藝，跟著丈夫必可以享受榮華富貴的生活。如果不是一妹，就不能賞識李郎；不是李郎，就不能使一妹享受榮華。帝王的興起，總會有一些賢臣輔佐協助，他們之間的遇合就像是約定好的一樣；正如老虎一咆嘯則山谷生風，龍一飛騰雲就會聚集靠攏，本來就不是偶然的。拿著我給你們財物，去輔佐真命天子，幫助他成就功業，好好加油吧！這之後再過十幾年，東南方數千里之外有不尋常的事

贈，以佐真主，贊功業。勉之哉！此後十餘年，當東南數千里外有異事，是吾得志之秋（時刻）也。一妹與李郎可瀝酒（灑酒於地）東南相賀。」因命家童列拜曰：「李郎、一妹，是汝主也。」言訖，與其妻從一奴戎裝乘馬而去；數步，遂不復見。

（九）靖據其宅，乃為豪家，得以助文皇締構（建立）之資，遂匡天下。貞觀十年，靖位至左僕射平章事，適東南蠻入奏曰：「有海船千艘，甲兵十萬，入扶餘國，殺其主自立。國已定矣。」靖心知虬髯得事也，

發生時，就是我功成名就的時候了。一妹和李郎可以向東南方灑酒恭賀我。」說完後回頭命令家中童僕排列叩拜，並對他們說：「李郎、一妹以後是你們的主人。」然後和他的妻子帶著一個奴僕，穿著軍服騎馬離去。走沒幾步，就看不見了。

（九）李靖擁有了這個宅子，就成了豪富之家，因此能用財物資助李世民創業，使他終於完成大業。貞觀十年，李靖官至左僕射平章事，適逢東南蠻入朝上奏說：「有千艘海船，十萬兵士，進入扶餘國，殺死它的君王，自立為王。現在國家已經平定了。」李靖心知是虬髯客已經成事，回來告訴張氏，備妥禮物為他祝賀，向東南方灑酒祝禱叩拜。由此看來真命天子的興起，不是英雄人物就能夠希冀的，何況那些不是英雄的人呢！那些妄想作亂的人臣，就像用螳螂的

歸告張氏，具（準備）禮相賀，瀝酒（灑酒）東南祝拜之。乃知真人之興也，非英雄所冀，況非英雄者乎？人臣之謬（ㄇㄧㄡˋ）思亂者，乃螳臂之拒走輪（不自量力）（拒：抵抗）耳。我皇家垂福萬葉，豈虛然哉！或曰：「衛公之兵法，半是虬髯所傳也。」

前腳去抵擋行進中的車輪罷了。我皇家垂福於萬世，哪裡是虛假的！有人說：「衛國公李靖的兵法，半數是虬髯客所傳授的。」

歷年考題

一、閱讀下文，回答問題。

〈虯髯客傳〉中的重要人、事都與李靖有關。就小說主題「真人天命所歸」與副題「英雄擇主而事」論之，李靖的動向並非一貫而明確。起初他以一介布衣求見楊素，未必如其他評論者所云，是「貪利祿而不知人」或「為蒼生而不顧己」，而是「為公」也「利己」、「全忠」亦「安心」。當時天下方亂而未亡，群雄競起而無主，「靖雖貧，亦有心者焉」，為扶持顛危而獻策，乃顯人格忠厚而非見風轉舵；楊素若有收羅豪傑之心，大事未必不可為；又若非紅拂強勢介入，他也不至於完全死心。投效太原既非李靖首選，故不可說他是明知榮華將在太原卻另擇他途。李靖的轉變是漸進的：由於親見楊素腐敗，加上紅拂的旁證，才問心無愧的放棄原本的希望。但因他與李世民交情不深，故也非立即反目而奔向太原，一切仍有待虯髯客的引導、助成。（改寫自張火慶〈虯髯客傳的人物關係論〉）

1. 下列敘述，最符合上文對〈虯髯客傳〉看法的是：

(A) 李靖為李世民不惜與楊素反目

(B) 李靖因所見所遇而逐漸調整人生規劃

(C) 李靖既不「貪利祿」，也不「為蒼生」

(D) 李世民並非天命所歸，故李靖最初未投靠他

2. 若要從《舊唐書》找一段記載，做為「靖雖貧，亦有心者焉」的註解，下列最適合的是：

(A) 靖曰：「王者之師，義存弔伐。百姓既受驅逼，拒戰豈其所願？」

(B) 太宗顧謂侍臣曰：「得李靖為帥，豈非善也！」靖乃見房玄齡曰：「靖雖年老，固堪一行。」

(C) 靖姿貌瑰偉，少有文武材略，每謂所親曰：「大丈夫若遇主逢時，必當立功立事，以取富貴。」

(D) 高祖克京城，執靖將斬之，靖大呼曰：「公起義兵，本為天下除暴亂，不欲就大事，而以私怨斬壯士乎！」

109年大學指考(補考)

（解答 1B、2C）

第三章

03

上山求道超展開

——蒲松齡《聊齋志異・勞山道士》

／文本分析與解讀／

文本背景——人間語和鬼唱詩

《聊齋志異》是清代文言短篇小說中的佳作。作者蒲松齡採用唐人傳奇式的筆法，在自己經歷了仕途浮沉、人事滄桑後，以嚴謹卻不失詼諧的態度，將他一腔孤憤、平生感慨融入筆端，來寄寓個人懷抱與觀感，形成一個充滿狐鬼妖怪，卻情誼豐沛的世界。清代著名文學家王漁洋在閱讀完《聊齋志異》說：「料應厭作人間語，愛聽秋墳鬼唱詩。」將人間語和鬼唱詩對比，這其中的諷喻之意，不言可喻。

《聊齋志異》故事內容虛實相生、荒誕不經，有抨擊貪官惡紳的作品、有描寫科場群像的篇章、有歌頌愛情不朽的小品，也有讚嘆人鬼相戀的悲歌……，許多情節顛覆傳統社會禮教制度的框架思維。作者蒲松齡善於透過個性化的人物對話和生動細節來刻劃角色的性格及情節的曲折，十分引人入勝。《聊齋志異》基本上可以稱得上是傳記體裁，但，它並不是平鋪直敘地講述人物（泛稱）的經歷，而是藉由情節故事的兔起鶻落，動靜對比，創造出曲折的情節，緊緊地吸引讀者。

《聊齋志異》談鬼說狐，內容貼近社會人生，且大部分源於作者的生活感受及體驗，包括他屢屢應試失敗、長期困於科場的挫折，凝聚著他大半生的苦樂，表現著他對社會人生的思考與嚮往，是一種言志抒情的體現。《聊齋志異》的敘述語言較一般的文言淺近，言近指遠，可以說充分地發揮了文言的敘事功能。

文本分析

〈勞山道士〉整起故事是說富家子王生求道於勞山的道士，卻因妄想速成，受不了苦，「求道」終究落空的窘境。小說一文可就作者對「王生」與「勞山道士」兩個人物的「角色設定」來分析整起情節，我們先大略分析：

王生：

1. 嬌生慣養：開頭便以「故家子」帶出王生的出身背景，暗喻他嬌生慣養、無法吃苦。
2. 急於求成：特意聚焦於時間的變化，「過月餘，手足重繭，不堪其苦，陰有歸志。」、「又一月，苦不可忍，而道士並不傳教一術。心不能待……」可見王生不耐等待，急於求道。

道士：

1. 識人之才：首段即直言王生「恐嬌惰不能作苦」，呼應了第四段的「我固謂不能作苦，今果然。」顯示出道士初見王生就看穿其不耐辛苦的性格。
2. 法術高妙：「一道士坐蒲團上，素髮垂領，而神觀爽邁。」此「神觀爽邁」說明道士「器宇軒昂」可能非「常人」，為之後情節留下伏筆。第三段使用大量篇幅描寫道士施展法術，……「剪紙為明月」、「壺酒不曾減」、「投箸成嫦娥」、「移席月宮中」等超凡道術，一個接著一個，令人目不暇給，也使原先決定拂袖而去的王生，決定繼續留下吃苦與學習。

就〈勞山道士〉一文而言，作者在情節的安排上創造了幾起波瀾與起伏，以造成文意的驚奇、曲折與迴盪。

（一）第一波瀾：吃不了苦，想打退堂鼓

「邑有王生，行七，故家子。」開篇即介紹王生的身世、排行，這是傳記的模式。「少慕道，聞勞山多仙人，負笈往遊。」王生自己說因為聽聞勞山多仙，所以負笈求道，這是直接敘事的方式，其間過程省略不談。「有觀宇，甚幽。」不用綿長的形容，大體上皆取名詞、動詞，只是記事，不帶情感。以上寫法屬於志怪體之「簡」。「一道士坐蒲團上，素髮垂領，而神觀爽邁。」此處寫道士之形貌氣質，略有細節（蒲團、素髮），然未展開，尚屬簡單之筆。「叩而與語，理甚玄妙，請師之。」將王生與道士的對話簡化為一種概括性敘述。道士直接答曰：「恐嬌惰不能作苦。」王生答：「能之！」，兩人直接來往，然而對話中埋伏一「苦」字，不著痕跡，此「苦」造成後續文意發展的起動原因。此處（恐嬌惰不能作苦）是本文中首次點到「苦」，也是全文脈絡之首。

「凌晨，道士呼王去，授以斧，使隨眾採樵。王謹受教。過月餘，手足重繭，不堪其苦。」上述文字中的兩處細節「斧、重繭」，由使用斧頭且手足長繭引出「不堪其苦」；這是文中第二次點及「苦」。此「苦」雖無鋪張形容，然而它是「重繭」之因，足以引出「陰有歸志」這樣的結果，此處構成情節第一層次的波瀾。然而情節若於此結束，一因一果，加上沒有藻飾描繪，只會類似一般的志怪寫作。而《聊齋》之所以高於志怪者，乃在於藻繪情節以造成波瀾再起。以下第二波瀾為全文起伏最多之處。

(二)第二波瀾：跳進師父挖的坑

第一起，師(道士)與人共酌。日暮天暗。「師乃翦紙如鏡，黏壁間，俄頃，月明輝室，光鑑毫芒。」剪紙為月，光鑒毫芒。這兩處細節，因果之間反差強烈，給讀者帶來了閱讀樂趣。王生本以山中勞務為「苦」，暗中產生放棄歸家之意，然而，看到道士的剪紙法術之後，此景觸動了王生。接著，「一客曰：『良宵勝樂。』」此一「樂」，與王生此前之「苦」兩相對照。文章的脈絡轉為人物內心之「忍苦」與「欣樂」的掙扎。

第二起，客取一酒壺，分斟七八人。王生心生奇怪之感：「七八人，壺酒何能遍給？」「往復挹注，竟不少減。」王生「心奇之」。這是「樂」的另一種說法。如此的心理描寫，雖然簡潔，然而，苦樂之矛盾，正推動了情節發展，它的功能在使王生「陰有歸志」這句話轉向，此時，王生不回家了。

第三起，客「以箸擲月中。見一美人，自光中出。」「剪紙為月」之幻術，並不是蒲松齡所獨創。唐代段成式《酉陽雜俎》前集卷二《壺史》載：「唐長慶初，山人楊隱之在郴州，常尋訪道者。有唐居士，土人謂百歲人，楊謁之，因留楊宿。及夜，呼其女曰：『可將一個弦月子來！』其女遂貼月於壁上，如片紙耳。祝曰：『今夕有客，可賜光明』，言訖，室朗若張燭。」《聊齋志異》與唐傳奇關於剪紙為月幻術的差別：《聊齋》之創造在於，紙月衍生月下美人，並且進行細節的描寫：「初不盈尺，至地，遂與人等。纖腰秀項。」當月之美與人之美交融，更有甚者：「（美人）翩翩作霓裳舞。已而歌曰：『仙仙乎！而還乎？而幽我於廣寒乎？』其聲清越，烈如簫管。歌畢，盤旋而起，躍登几上。驚顧之間，已復為箸。」

而情節最為奇幻者：「（主客）移席，漸入月中。眾視三人坐月中飲，鬚眉畢見，如影之在鏡中。」

傳奇體小說與志怪小說的差異於此畢現。志怪者信怪，志怪的主旨在於「發明神道之不誣」（干寶《搜神記》之語）、「傳鬼神明因果而無他意」。而傳奇體則作意好奇，虛實相生，想落天外，超越人寰，奇中生奇，奇而不怪。**志怪僅為怪而怪，傳奇則以奇為美。傳奇雖源於志怪小說，內容也不乏搜奇寫怪，不過，傳奇之題材與內容更顯得豐富多元；而志怪則較少觸及真實生活的層面。**

〈勞山道士〉之美在於美人降自月華（月亮），美在翩躚之舞，美在歌中廣寒，美在其聲清烈，美在盤旋而降，美在女復為箸。更美的是：人可入月中坐飲，美在鬚眉畢見，如影之在鏡中。美在倏忽之間由虛化實：喝酒完畢後，客人不見，只見道士獨坐，門人秉燭，「**几上肴核尚存，壁上月，紙圓如鏡而已。**」虛至極而歸實，虛在聲色變幻多端；實的部分只有壁上一紙，桌上殘餘的肴核而已。目不暇接之動態瞬間化為肴核、紙月之靜景。

從語言觀之，此大段文字美在大筆濃墨，約佔全篇三分之一。其美不僅在人物、景物所顯示的外部瑰麗之奇，更在王生內心微妙變異之奇。「**三人大笑。一客曰：『今宵最樂。』**」此刻，第三次點出「苦」之對立面——「笑」。王生目睹此宴會所有情節，他的內心乃由「奇之」而「忻慕」，轉而「歸念遂息」，心境上苦樂之變換，矛盾也相對轉化。

（三）第三波瀾：求道不成，被擺一道

蒲松齡寫此文刻意表現「奇」之法，他的描述從感官苦樂的覺知轉為為情感苦樂之領受。感官之樂無法持續太久，所以，不久後，王生在百無聊賴、日復一日的砍材採薪的日子中又「苦不可忍」，此處是本文中第四次點到與樂相對之「苦」。王生對道士曰：「在家，未諳此苦。」這是第五次點到「苦」。蒲松齡用詞之精準與精確，使隱藏的文意脈絡於此浮現。

對於王生告歸，道士笑曰：「我固謂不能作苦，今果然。」來到本文第六次的「苦」。不可忽略的是，道士「笑曰」的「笑」，並不是歡欣之笑，而是略帶嘲諷之笑，與文章開頭時，道士預言「恐嬌惰不能作苦。」之「苦」呼應，原來，道士早就料到王生不能忍苦。

對於道士，作者僅用一字「笑」，內涵隱喻豐富，有史家一字褒貶，不直接流露傾向的意味。此處，蒲松齡不用令人毛骨悚然的笑，傳染性的笑，反諷的笑，空洞的笑，反而顯示出比哭更難看的笑。

本文結尾，王生執意要離開，在離去之前，王生求道士傳穿牆之術：「道士笑而

允之。」此「笑」，內涵之中又產生了變化，道士知道王生不能經歷修持之苦，擁有法術亦是罔然，姑且授之，帶有無奈的味道。

此時，「王生大喜」。這是第四次點到樂，不過用詞改為「喜」。道士要傳授王生「奔牆而入之術」，不過，道士反覆強調，此術之靈驗與否和人之心理有關：第一，「俛首輒入，勿逡巡！」要心無雜念，視實若虛。第二，道士叮囑：「歸宜潔持，否則不驗。」也就是希望王生潔身修持，超脫世俗，無為順道，以進入化境。但，王生未解道士之語的深意，回家後大肆吹噓自己遇到仙人，炫耀於妻，結果是「去牆數尺，奔而入，頭觸硬壁，驀然而踣（ㄅㄛˊ）。」

文章到這裡，情節的因果充分顯示。此前之文章，以風格言，為正劇。然蒲松齡信筆至此，似有不可限制之想像，於是產生神來之筆：「（王生）額上墳起如巨卵焉。妻揶揄之，王慚忿（苦），罵老道士之無良而已。」

這段文字的可笑，可說得上是來自於邏輯上的多重謬誤。王生受創（額墳起如巨卵）源於自己從自信到自誤；妻子從不信到揶揄，最終，王生自感「慚忿」羞愧，卻罵老道士無良。閱讀時不可忽略的是段末最後兩個字「而已」，不聽道士「潔持」之戒，王生自作自受，慚極而忿，卻罵道士無良「而已」，以「而已」兩字作結，頗有喜劇性，餘韻深長。王生從頭到尾，僅是怪罪、歸咎他人，從未自我省思與檢討。

蒲松齡的寫作手法承接志怪之筆，筆下的妖鬼神魔亦善亦惡，有善有惡，雖是承繼唐代傳奇之文風，不過，奇而不怪，易鬼為仙，愈奇愈幻，愈幻愈玄；這也是《聊齋志異》一書獨到的藝術風格。

（四）第四波瀾：自古撞牆跌跤人不少

志怪與傳奇，皆重敘述，如魯迅所說「其敘人間事，亦尚不過為形容。」也就是說描寫皆簡略而不著痕跡，這樣的手法是出於史家傳統。在中國古典文學體系中，有寄託褒貶於文字中的手法，若褒貶寄託不足時，乃附評論。例如：《左傳》有「書曰」、「君子曰」；《史記》有「太史公曰」的寫法。而《聊齋志異》中的部分小說，於篇末有「異史氏曰」；全書近五百篇，「異史氏曰」有二百則左右。〈勞山道士〉篇末的「異史氏曰」是這樣寫的：「聞此事，未有不大笑者。」

此文具有喜劇性，作者以幽默之法神來一筆，饒富趣味。蒲松齡這樣的評論之筆，「異史氏曰」的形式雖是繼承古典而來，不過，自身也有所發展。第一，不僅評論傳主，而且泛指世上之如王生可笑者，「正復不少」；第二，在評論中，加入新的情事，「今有傖父，喜疢毒而畏藥石，遂有吮癰舐痔者，進宣威逞暴之術，以迎其旨，紿之曰：『執此術也以往，可以橫行而無礙。』初試，未嘗不小效，遂謂天下之大，舉可以如是行矣，勢不至觸硬壁而顛蹶，不止也。」作者批判的鋒芒，直指權勢者諱疾忌醫、宣威逞暴，阿諛者吮癰舐痔、奉迎無度，並預言這樣的人之下場必如王生「觸硬壁而顛蹶」。其憤激之情溢於言表，與敘事之寓褒貶，相得益彰。這是全文精采處，也是作者的真心語。

閱讀思辨

一、從全文脈絡來推論：請問勞山道士對於王生求道一事在態度上有怎麼樣的歷程轉變？請從文本中的文句找出答案。

二、勞山道士與友人在小說中一共展現了哪些法術，而讓門生瞠目結舌？

／跨域思維／

和道士訂契約

如果以現代商業社會行為來看，王生與勞山道士兩者是否可以視作學習者與補習班兩造的關係呢？

假設情境：王生向「勞山仙術才藝文理補習班」購買課程。如果買課程被坑麼辦？王生提供道士勞力（砍柴）換取修習仙術的機會，到頭來卻一場空，他大罵道士無良。現實生活中，若購買課程卻遭毀約，該如何自保呢？讀者可以了解「定型化契約」的內容，並思考如何以定型化契約維護保障自身權益。

（創意共享：彰化師大國文系殷瑄韓、林昱君）

在臺灣，定型化契約分為三大類：

❶金融消費定型化契約：如向銀行借款或申請信用卡、購買商業保險等。❷其他消費定型化契約：如租車自駕、上網購物、搭乘捷運、團體旅遊、購買預售屋、委託仲介售屋等。❸非消費定型化契約：如勞雇契約、政府採購契約等。

文本閱讀

【原文】

(一)邑有王生，行（ㄏㄤˊ）七，故家子（世家大族子弟）。少（ㄕㄠˋ）慕道，聞勞山多仙人，負笈（ㄐㄧˊ，書箱）往游。登一頂，有觀（ㄍㄨㄢˋ）宇，甚幽。一道士坐蒲（ㄆㄨˊ）團上，素髮（白髮）垂領，而神觀（容貌神態）爽邁。叩（問拜見）而與語，理甚玄妙。請師（拜師，動詞）之，道士曰：「恐嬌情不能作苦（勞動吃苦）。」答言：「能之。」其門人甚眾，薄暮（黃昏）畢（全）集，王俱與稽（ㄑㄧˇ）首（ㄕㄡˇ，跪地行禮），遂留觀中。

【翻譯】

(一)山東淄川縣裡有個王姓書生，在家中排行第七，是大戶人家出身的子弟。他年輕時，就嚮往學習道術，聽人家說勞山上有很多得道的仙人，就背著書箱前往學道。王生登上山頂，山頂上有一座道觀，環境十分清幽。有一位老道士坐在蒲團上，滿頭白髮垂到衣領，但精神看來清爽豪邁。王生連忙叩頭行禮，並與他交談起來，王生覺得老道士所講的道理玄妙極了。便想拜他為師，道士說：「只怕你嬌生慣養，不能吃苦。」王生忙說：「我能吃苦。」道士的弟子很多，傍晚時他們全回到道觀裡，王生一個一個拜見過，便在這座道觀留了下來。

(二)凌晨，道士呼王去，授一斧，使隨眾采（同「採」）樵。王謹受教。過月餘，手足重（ㄔㄨㄥˊ）繭，不堪其苦，陰（暗中）有歸志。

(三)一夕歸，見二人與師共酌（喝酒）。日已暮，尚無燈燭。師乃剪紙如鏡，黏壁間，俄頃（ㄜˊ ㄑㄧㄥˇ），月明輝（照耀，動詞）室，光鑑（照亮）毫芒（非常微細的東西）。諸門人環聽奔走。一客曰：「良宵勝樂（ㄕㄥ ㄌㄜˋ），不可不同（共享）。」乃於案上取酒壺，分賚（ㄌㄞˋ，賞賜）諸徒，且囑盡醉。王自思：「七八人，壺酒何能遍給（ㄐㄧˇ）？」遂各覓盎盂（ㄤˋ ㄩˊ，酒杯），競飲先釂（ㄐㄧㄠˋ，乾杯），惟恐樽（酒壺）盡，而往復挹（ㄧˋ）注，竟不少減。心奇之。俄（ㄜˊ），一客

(二)第二天一大早，道士把王生叫去，交給他一把斧頭，讓他跟隨大家去砍柴。王生恭敬地聽從老道士的吩咐。過了一個多月，王生的手腳長出了厚厚的繭，他受不了這種苦，暗暗起了回家的念頭。

(三)有一天傍晚，王生回到觀中，看見師父陪兩位客人在飲酒。這時天色昏暗，還沒點燈燭。王生見師父用紙剪成一面圓鏡，黏貼在牆壁上，不久，月光照遍整個房間，滿室生輝，連極細微的東西都照得清清楚楚。眾徒弟們在旁邊圍繞侍候，忙個不停。這時，有位客人說：「這樣的良宵美景真是快樂，不能不跟大家共享啊。」於是從桌上取下一壺酒，分賞給徒弟們，並且囑咐大夥要盡情痛飲。王生心想：「門徒七八個人，一壺酒哪能夠每個人都喝得到？」這時眾門徒紛紛找來杯碗，搶先喝酒，就怕壺裡的酒喝完了。然而，大家來來回回地傳遞斟酒，壺中的酒卻一點也不見減

曰：「蒙賜月明之照，乃爾（如此這般）寂飲，何不呼嫦娥來？」乃以箸（ㄓㄨˋ，筷子）擲月中。見一美人自光中出，初不盈（滿）尺，至地遂與人等。纖腰秀項（脖子），翩（ㄆㄧㄢ）翩作〈霓裳舞〉。已而（不久）歌曰：「仙仙乎！而還乎？而幽我于廣寒乎？」其聲清越，烈如簫管。歌畢，盤旋而起，躍登几（小茶桌）上，驚顧之間，已復為箸。三人大笑。又一客曰：「今宵最樂，然不勝（ㄕㄥ）酒力矣。其餞（以酒食送別）我於月宮可乎？」三人移席，漸入月中。眾視三人坐月中飲，鬚眉畢見（ㄒㄧㄢˋ，顯現），如影之在鏡中。移時（過了一會兒），月漸暗，門人然（通「燃」）燭來，

少。王生心中暗自稱奇。過了一會兒，另一位客人說：「多謝主人賞賜明月照耀，不過，像這樣默默地飲酒，也未免太乏味了，為何不把嫦娥從月宮中請來？」於是將手中的筷子投向牆上的月亮。接著，便看到一位美人從月亮中走出，起先身高還不滿一尺，等到落地後就與常人一般高了。她腰肢纖細，面容秀美，步履翩翩地跳起了〈霓裳羽衣曲〉。過了一會兒，又唱道：「我翩翩地跳起了舞，是返回人間了呢？還是仍被幽禁於廣寒宮呢？」她的歌聲清脆悠揚，如同洞簫中吹出的聲響。歌唱完了，她輕盈旋轉而上，一躍登上了桌子，正當大家驚奇地注視時，那仙女又還原成一根筷子。師父和客人大笑起來。又有一位客人說：「今晚真快樂，可是我酒量有限不能再喝了，你們能到月宮為我餞行嗎？」於是三人移動座席，漸漸進入月中。眾徒弟看三人坐在月中飲酒，連鬍鬚眉毛都看得清清楚楚，如同鏡中的倒

則道士獨坐，而客杳（一ㄠˇ，不見蹤影）矣。几上肴核尚存；壁上月，紙圓如鏡而已。道士問眾：「飲足乎？」曰：「足矣。」「足，宜早寢，勿誤樵蘇（砍柴割草）。」眾諾而退。王竊忻（通「欣」）慕，歸念遂息。

（四）又一月，苦不可忍，而道士並不傳教一術。心不能待，辭曰：「弟子數百里受業仙師，縱不能得長生術，或小有傳習，亦可慰求教之心。今閱（經過）兩三月，不過早樵而暮歸，弟子在家，未諳（ㄢ，經歷）此苦。」道士笑曰：「吾固（本來）謂不能作苦，今果然（果真如此）。明早當遣汝行。」王曰：「弟子操作多日，師略

影一樣。不久，月色漸暗。徒弟點上蠟燭走進來，卻只見道士一個人獨坐桌旁，客人已不見踪影。桌上殘羹剩菜還在，再看牆上月亮，只是一張如同鏡子大小的圓紙而已。道士問眾徒弟：「喝夠了嗎？」眾人齊聲回答：「夠了。」道士說：「既然喝夠了，就早早睡覺，不要擔誤了明早的砍柴割草。」眾徒弟連連答應退了出來。王生心中暗暗羨慕師父的道術，便打消了回家的念頭。

（四）又過了一個月，王生實在吃不消這辛苦，而且道士也不傳授他任何道術。他等不下去了，就向道士告辭說：「弟子從好幾百里外的地方來此向師父求教，縱使不能學得長生不老之術，或許能學到幾招小技，也可讓我這份求道的心得到一點滿足。我到這裡，眼看兩三個月過去，每天不過是早出晚歸到山裡砍柴，我在家時，從未吃過這種苦。」道士聽了，笑說：「我本來就說你不能吃苦，現

授小技，此來為不負也。」道士問：「何術之求？」王曰：「每見師行處，牆壁所不能隔，但得此法足矣。」道士笑而允之，乃傳一訣，令自咒，畢，呼曰：「入之！」王面牆，不敢入。又曰：「試入之。」王果從容入，及牆而阻。道士曰：「俯首輒入，勿逡巡！」王果去牆數步，奔而入。及牆，虛若無物，回視，果在牆外矣。大喜，入謝。道士曰：「歸宜潔持，否則不驗。」遂助資斧遣歸。

何術之求：「求何術」倒裝句
咒：念咒，動詞
從：ㄘㄨㄥ
俯首：低頭
逡巡：ㄑㄩㄣ ㄒㄩㄣˊ，徘徊
去：距離
資斧：旅費

（五）抵家，自詡遇仙，堅壁所不能

詡：ㄒㄩˇ，誇耀

在果然如此。明天一早就送你走吧。」

王生聽了，說：「弟子在這裡辛苦工作了那麼多天，師父若能略教我一點小技術，這趟就算沒有白來了。」道士問：「你想學什麼法術呢？」王生說：「常常見師父不論走到哪兒，牆壁都擋不住您，要是能學到這種法術就心滿意足了。」道士笑著答應了他，於是傳給他一個口訣，然後要求他自己唸完咒語，然後，道士喊聲：「進去！」可是，王生面對著牆壁，不敢進入。道士又說：「試試看。」王生只好慢慢走近，等碰到牆壁時又被擋住了。道士指點著說：「要低著頭穿過去，不要猶豫徘徊。」王生果真離開牆壁幾步，往前衝去。到了牆壁，竟然空空的像沒有東西阻擋一樣，等他回頭一看，人果真在牆外了。王生驚喜萬分，進來向道士道謝。道士告誡說：「回去以後，要好好修身養性，否則法術就不靈驗了。」道士又送王生一些盤纏，讓他回家去了。

阻，妻不信。王效其作為，去牆數尺，奔而入；頭觸硬壁，驀（ㄇㄛˋ）然而踣（ㄅㄛˊ，跌倒）。妻扶視之，額上墳起（突起）如巨卵焉。妻揶揄（ㄧㄝˊ ㄩˊ）之，王慚忿，罵老道士之無良而已。

（六）異史氏曰：「聞此事，未有不大笑者，而不知世之為王生者正復不少。今有傖父（ㄘㄤ ㄈㄨˇ，鄙賤粗俗之人），喜疢（ㄔㄣˋ，疾病）毒而畏藥石，遂有吮癰舐痔（ㄕㄨㄣˇ ㄩㄥ ㄕˋ ㄓˋ，以無恥行為討好他人）者，進宣威逞暴之術，以迎其旨（心意），紿（ㄉㄞˋ，欺騙）之曰：『執此術也以往，可以橫行而無礙。』初試未嘗不小效，遂謂天下之大，舉（全）可以如是行矣，勢不至觸硬壁而顛蹶（ㄐㄩㄝˊ，顛仆），不止也。」

（五）王生回到家後，向人誇耀說自己遇到了仙人，學會法術，就算再堅硬的牆壁也可以通過去，他的妻子聽了並不信。於是，王生就按照先前道士所教的方法，離開牆數尺，低頭猛衝過去，結果一頭撞在堅硬的牆壁上，人立刻撲倒在地。他的妻子扶起他一看，額頭上已腫了一個像雞蛋般大的包。他的妻子取笑他。王生又慚愧又氣憤，罵老道士真沒良心。

（六）異史氏說：「聽到這件事的人沒有不大笑的，卻不知當今世上像王生這樣的人還真不少。現在有些見識鄙陋的人，喜歡阿諛奉承的讒言，而不願意聽納忠告，於是就有吸吮膿瘡、愛舔痔瘡的小丑，專門向他進獻宣揚威勢、展現暴虐的壞方法，以迎合他的心意，並且哄騙說：『只要照這個法術做，可以橫行無阻。』剛開始都會有一點小效果，於是就以為天下萬事全部可以比照辦理，一定要等到碰觸硬壁跌倒摔跤，才會停下來。」

歷屆考題

一、閱讀下文，回答問題。

社會上所發生的事件，古今是有其絕相類似之處的。生活經驗豐富，瞭解當代社會最深的史學家，是最能瞭解過去社會的史學家。社會上有些事件是可能發生的，有些事件是必不可能發生的。可能發生的事件，史學家在文獻足徵的情況下，可以確定其可信。必不可能發生的事件，史學家可以不顧前人言之鑿鑿，而斷然予以否認。所以鬼神怪誕之事，在原則上講，不入於史。現實生活經驗中所見不到的鬼神，如何能相信其出現於千百年以前呢？詩人詞客所幻想的離奇故事，如西王母住在為日月隱藏之所的崑崙山上，如何能是實錄呢？史學家一般認為「妖異止於怪誕，談諧止於取笑」，可以直刪不妨；而對於誦經獲報、符咒靈驗等等，不可盡以為誣妄，採取將信將疑的態度則差可，深信之不疑則必不可。（改寫自杜維運〈歷史想像與歷史真理〉）

下列文句，最符合上文「直刪不妨」的選項是：

(A) 又一客曰：「今宵最樂，然不勝酒力矣。其餞我於月宮可乎？」三人移席，漸入月中。眾視三人，坐月中飲，鬚眉畢見，如影之在鏡中目

(B) 更進半里，草木不生，地熱如炙。左右兩山多巨石，為硫氣所觸，剝蝕如粉。白氣五十餘道，皆從地底騰激而出，沸珠噴濺，。

(C) 村中聞有此人，咸來問訊。自云：「先世避秦時亂，率妻子邑人來此絕境，不復出焉，遂與外人間隔。」問今是何世？乃不知有漢，無論魏、晉。

(D) （張陵）其書多有禁祕，非其徒也，不得輒觀。至於化金銷玉，行符敕水，奇方妙術，萬等千條，上云羽化飛天，次稱消災滅禍。故好異者往往而尊事之。

105年大學指考

（解答 A）

第三章
04

書齋裡追憶似水年華
——歸有光〈項脊軒志〉

／文本分析與解讀／

文本背景——從景物出發，書寫人物的追憶與感懷

「志」，亦作「誌」，是文體的一種，大多記錄人物事跡，如墓志、人物志等等；「志」有記載、紀錄之義。歸有光把自己讀書的房間命名為「項脊軒」，其實有多重涵義：一是，先祖歸道隆，於幾百年前（宋代）定居於江蘇崑山的項脊涇，此處命名有遙承遠祖之意。第二，書齋的空間狹窄低矮，僅容項脊，或似人之項脊，故名之。「志」是古代文體之一，大都用以記錄人物事蹟。歸有光為此文時約十八、九歲，既無功名，亦無

成就，更無偉業。寫個人小室，是一種記「物」之文，無涉國計民生，此類文章常用的文體是「記」。如：唐宋以來許多的傑作名篇，如柳宗元〈小石潭記〉、蘇軾〈石鐘山記〉、歐陽脩〈醉翁亭記〉、〈豐樂亭記〉、王安石〈遊褒禪山記〉，歸有光亦有〈滄浪亭記〉之作。然而，歸有光在此卻用了比「記」更顯莊重的「志」為文體，這是一種頗為出格的方式。而歸有光在為其妻之陪嫁小丫頭寒花的死亡為文時，亦題為〈寒花葬志〉。想來「志」在歸有光的心裡，應當頗有寄寓，有所追求。

〈項脊軒志〉通過時間的流動與空間的變革，寄寓對人事的感懷。全文共有六段，可分為前四段與後兩段兩大部分來看，它們並非同一時刻寫成。明朝嘉靖三年（西元一五二四年），歸有光十九歲時寫了〈項脊軒志〉的前半部，即全文起首到「其謂與埳井之蛙何異」的部分；而歸有光母親於他八歲時逝世，其祖母則在他十二、三歲時過世，所以，上述部分主要在描寫及悼念其母親和祖母。文章第五段則悼念他的妻子魏氏，歸有光二十三歲娶魏氏，二十八歲時，魏氏卒，三十五歲（明嘉靖十九年，西元一五四〇年）中舉；大約在中舉之年，歸有光補寫了文末最後兩段。前後兩部分的寫作時間差相隔了十多年。

〈項脊軒志〉是高中經典古文裡少見的、純粹的人物紀實之抒情文類，它不走宏大敘事或是家國懷抱的路線，而是以一種微觀書寫來說說人情之常。情感的書寫拿捏得當與否，並不是件容易的事，有時情溢乎辭或是辭溢乎情，都無法讓讀者明瞭其中的流動。〈項脊軒志〉文章中所描述事件與人物，不必然有其一定的關聯性，但是作者巧妙將它們定位在共同「空間」——「項脊軒」之上，於是，同時掌握了「空間」與「時間」的變化及流動，並且透過景物烘托個人情志，呈現出對人物的追憶與感懷，以寄寓作者的心志。

德國學者伊瑟爾曾說：「文本是一個未確定的召喚結構，有意不言明，待讀者來言明。」所謂「召喚結構」的內容有三個要素：「空白、空缺、否定」。這些空白、空缺或是否定之處，都是值得讀者思辨、批判以形成自己的概念。文本閱讀時，字詞表面上可見的「一望即知」（具體），有時是為了上下文脈絡中那許多「一望無知」的「缺口」（抽象），尋覓「出口」的光束而存在的。於是，「空白」不是無，而是「隱白」，是潛藏的內蘊，待讀者挖掘，這是華人文化中最擅長的表達方式「留白」。歸有光在〈項脊軒志〉中，善於用細節說話，他鉅細彌遺描寫了什麼場面？什麼細節？又刻意不寫哪些內容呢？在取與捨之間，作者的考量與意圖是什麼呢？

文本分析

我們逐步跟著歸有光從書軒物件的鋪寫一路迆邐走向人事與人情的描摹。首先，他從項脊軒空間的位置、環境的配置入手。

（一）修葺前、修葺後

項脊軒，舊南閤子也。室僅方丈，可容一人居。百年老屋，塵泥滲漉，雨澤下注。

「室」為文章主體，只言狹小。「可容一人居」，起始的文氣從容淡定。「百年」寫屋的舊，「塵泥滲漉」寫屋的殘且漏。此處不直接寫書齋如何殘破，而是直接寫它的顯著特徵，從「澤」、「注」，二字，可見其屋漏之甚，既不是潺湲流水，也不是涓涓細流，而是雨澤傾倒，從此可見書齋老邁破舊之狀。於是，人之常情，自然想移動桌位，但是竟然「每移案，顧視無可置者。」屋漏想挪動書案，卻到處一樣，無處可放置書案，這是作者繼前一句之後，加強突出書齋殘破之效果。在描寫書齋內部空間的老舊狹窄之後，作者將視角移到窗外、室外。指出項脊軒座落的方向是「又北向，不能得日，日過午已昏。」（屋子朝北向，照不到陽光，一過中午，室內就昏暗了）「軒」為歸有光讀書之處，應該有軒敞明亮之聯想，然而，光線昏暗對一心向學的作者而言，自是有缺憾之處。於是，作者說：「余稍為修葺，使不上漏。」項脊軒的漏雨之失，改善了。其中「不上漏」一詞承接前句的「雨澤下注」，讓彼此文意脈絡聯繫起來。

接著，歸有光又說：「前闢四窗，垣牆周庭，以當南日，日影反照，室始洞然。」這部分是針對書齋不能得到光線的問題，作者提出的解決之道。開闢窗戶後，「室始洞然」便承接前面所言之「不能得日，日過午已昏。」的問題，這樣的寫法不僅前後文意相承，且有啟後之用。

（二）增勝

當書齋已經修葺後，不但宜讀（室始洞然），歸有光更開始進行逸趣之增勝。他這麼說：「又雜植蘭、桂、竹、木於庭，舊時欄楯，亦遂增勝。」有蘭、桂、竹等植栽，使陋室增添優雅，並且表現出一種改進有序，脈絡舒展的從容筆墨。修葺項脊軒之意不在自身的居住，而在書，家貧屋漏如此，卻積藏書籍滿架，此處，隱然可見作者之

「志」。項脊軒之「志」應在此。作者超越屋漏困苦而以滿架之書來安慰自己。於是，「偃仰嘯歌，冥然兀坐。」俯仰在書齋中嘯歌，獨處而無孤獨感，樂在其中。

（三）物趣

作者於書齋潛心苦讀時，其實是孤獨的，但是他能從自然物趣中，找到陪伴與默契。萬籟有聲。而庭階寂寂，小鳥時來啄食，人至不去。三五之夜，明月半牆，桂影斑駁，風移影動，珊珊可愛。

此段寫心靜。心靜方能感萬籟之聲。萬籟之聲，其實也是萬籟俱寂的效果，從後文「庭階寂寂」（安靜的庭階）可為注解。心靈之靜與大自然之靜互為一種和諧的默契，從「獨喜」轉為「默喜」。人靜而心寧，鳥與人偕，與鳥同享，勝於與人同享。從貧困不能安生，到享受「可愛」之畫意詩情，巧妙的轉折呈現出雅致之美。

第二段開始，由寫「景致」而走向寫「人事」，這些人事正是引起他許多悲傷感懷之處。

（四）人情之喜與悲

然余居此，多可喜。亦多可悲。

先從後文來看，可喜之事應該是第一段所敘之景；而「亦多可悲」一句則是開啟後段，文意脈絡至此有了大轉折，此處看似用筆輕鬆，不著痕跡。

先是，庭中通南北為一。

「先是」是關鍵字眼，引出「庭中」是有「南北」，庭中彼此曾經是一體的。隱隱然地述說著，院落之大，當非項脊軒之狹窄可比。

迨諸父異爨。

「迨」（等到）只一字，便引出庭院今昔之變。「異爨」（分家各自煮食），作者不說分家，「爨」是本文中唯一古奧深僻的詞語，委婉而精煉。由「爨」字來說話，避開敘述家族之崩，親情之衰，只以「分灶各食」來表現分家的哀傷。而大家族分家之後的現象是什麼呢？歸有光則用以下六個細節來說話。

內外多置小門牆，往往而是。

細節一：分灶之後，各家戶庭中以小門牆分割彼此，此處作者可能省略許多事情的交代，其中多少不便言、不忍言之事，就留待讀者想像。於是，只說犬。

東犬西吠。

細節二：不說親戚家人之互爭，但言犬之互吠，顯現出彼此關係之陌生。

客踰庖而宴。

細節三：來訪之客人，需繞路而至，不言親情之疏離，而由客之踰庖的現象來說話。

雞棲於廳。

細節四：古時，廳堂乃宗室聚會、議事、祭祀之所，居然為雞群所棲；不說廳堂被分割，不見親人團聚，只言常見雞棲於廳。

庭中始為籬。

細節五：不說大家庭中設置「籬」之原因，原因可能在於家族之紛爭及分家，此處，輕描淡寫說始為籬，並且籬所設置的處所不在整體地理上之邊際，而在中庭。中庭曾經是族人共用之所，應該是重要處所之所在。

已為牆。

細節六：用籬為隔，不足夠；繼而為牆，不說親族之間矛盾日益激烈，但言籬變為牆。此時不妨思考，古時圍籬上可透光，透過細縫，尚可彼此關照，一窺究竟；但圍牆就可能意味著更堅實而不往來的篤定了，豈不哀傷？

> 凡再變矣！

以六此個細節說話，最後作者總結為「再變」二字，物之再隔，也道出親情日隔益深。此處文章用筆極簡，僅有名詞與動詞，且為一般字，無生僻字，形容詞也只有「小」、「多」；副詞僅有「始」、「已」、「凡」，感嘆詞則僅一「矣」。句子皆短，句與句之間的連接詞也省略，作者不用嚎哭式的、渲染式的鋪天蓋地之濫情來說親人分家之悲，而是透過淺淺淡淡之筆娓娓敘來，流露深沉的哀傷。

接著，從綜敘人事之變，再談及歸有光生命中重要之人：祖母、母親、妻子。

> 家有老嫗，嘗居於此。嫗，先大母婢也，乳二世，先妣撫之甚厚。

此處與前揭文字提及親人分家而食一段，兩相對照，老嫗雖非血親，但情感淳厚，而真正的親族卻是彼此隔閡，豈不令人悲傷？

> 室西連於中閨，先妣嘗一至。嫗每謂余曰：「某所，而母立於茲。」嫗又曰：「汝姊在吾懷，呱呱而泣；娘以指扣門扉曰：『兒寒乎？欲食乎？』吾從板外相為應答。

這段話，一來寫出當年之庭內庭外無區隔，二來寫出親情的溫馨恬然，這是應當歡喜之事，然而，語未畢，余泣，嫗亦泣。

如此溫馨，為什麼要泣？時移事往，物非人亦非，不勝滄桑，昔日溫馨不可再現，作者乃泣。再者，小孩呱呱而泣，牽動娘心，噓寒問暖，是母親之愛心，如此極富母愛特徵之細節描述也不可復得了，於是，作者哭了。更動人的是「嫗亦泣」，非親人的老嫗何以能心有同感、情有同味，而同泣呢？這樣的寫法與前文提及的親族庭中為籬、為牆之無情疏離，兩相對照，感觸遂深。此句作者用兩個「泣」字，不避同字，以顯示真切、真實與真誠。

以上文字仍用細節說話，但改為「細節場面」，而非「細節片段」（前面寫分家後的細節，屬於細節片段），雖然如此，在細節之精緻度上，歸有光的寫法仍是一致的，他抓住親情的特徵（如：噓寒問暖、嫗亦泣等），使人物的笑貌形象躍然紙上，溫馨親情如在昨日。如以下寫祖母關懷備至：

余自束髮讀書軒中，一日，大母過余曰：「吾兒，久不見若影，何竟日默默在此，大類女郎也？」比去，以手闔門，自語曰：「吾家讀書久不效，兒之成，則可待乎！」頃之，持一象笏至，曰：「此吾祖太常公宣德間執此以朝，他日汝當用之。」瞻顧遺跡，如在昨日，令人長號不自禁。

為什麼是「號」？而且是「長號」？因為「瞻顧遺跡，如在昨日。」祖母之厚望與厚愛，尚未見到歸有光努力之成果，而祖母已逝。此處流淚，作者用「號」，比前文之「泣」更為深邃，不但因為「號」字有聲，「泣」無聲，而且「號」字更有形象性，更具畫面感：「長」號，可見痛徹心扉之深。「號」前只用一「長」字形容，用意之深，可見一斑。

軒東故嘗為廚，人往，從軒前過。余扃牖而居，久之，能以足音辨人。

此處不直說自己閉門讀書時間之如何長久，只寫其效果：能夠以足音辨人。可見作者於書齋裡讀書之用心持久且寧靜。

軒凡四遭火，得不焚，殆有神護者。

此句「殆」字，大概是作者自己的猜測，書齋遇火，他竟然能全身而退，且書齋還得以保全，這可能是有神助吧！也因為神助尚需自助，便下開「作者自許」一段。

項脊生曰：「蜀清守丹穴，利甲天下，其後秦皇帝築女懷清臺。劉玄德與曹操爭天下，諸葛孔明起隴中。方二人之昧昧於一隅也，世何足以知之？余區區處敗屋中，方揚眉瞬目，謂有奇景。人知之者，其謂與埳井之蛙何異？」

這一段文章，於文體上很值得研究。本文以「志」為體裁，本來就是近似於「記」，記事記人，史家自《春秋》始，皆「約其文辭而旨博」（《孔子家語》），寓褒貶於記言、記事之中，史者不得且不宜直接評論。歸有光的文風承紹《史記》，寫此室主要是記事、記言，較少直露胸臆，儼然有史家文筆之風格。不過，秦漢之史筆，亦有議論，多置於文後，《左傳》於傳後有「君子曰」，《史記》本紀後有「太史公曰」。歸有光此文結尾：「項脊生曰：『余區區處敗屋中，方揚眉瞬目，謂有奇景。人知之者，其謂與埳井之蛙何異？』」此處議論風生，文采煥然，反詰世俗之見，豪情自許，與之前以細節來說話的委婉姿態並不相同。文章到此，整體脈絡完整，體制完足，其實，全文可以完結了。但是，後十餘年，歸有光作繼續之筆云：

余既為此志，後五年，吾妻來歸，時至軒中。從余問古事，或憑几學書。吾妻歸寧，述諸小妹語曰：「聞姊家有閣子，且何謂閣子也？」其後六年，吾妻死，室壞不修。其後二年，余久臥病無聊，乃使人修葺南閣子，其制稍異於前。然自後余多在外，不常居。

庭有枇杷樹，吾妻死之年所手植也，今已亭亭如蓋矣。

最後一句手植枇杷樹一事並非蛇足，而是有尾聲之效。室雖早已修整，樹亦亭亭如蓋，但植樹人卻永遠離去了。物是人非，不勝淒涼，感慨也隨之而生。通篇脈絡及細節緊緊貫穿，悲喜起伏，人事滄桑看似不可見，但是，結尾透過一棵亭亭之樹來做為種種感慨之載體，最後的「矣」字也不可或缺。

又，從篇幅、從細節場面、細節片段等等都可看出，回憶母親、祖母、妻子、老嫗的溫馨親情不可復得乃文章之重點，「亭亭如蓋矣」所承載的深長感慨，主要也是感慨這一不可復得之溫馨親情。

全文看似「寫瑣事」、「說細節」，但是這些細瑣又不是孤立、分散的，而是貫穿著悲喜起伏的親情。

歸有光雖然科舉制文屢敗，但是他的記人記事文章，善以精緻之細節說話，不加評斷的寫法，繼承了秦漢的史家筆法，本文更是代表性作品。寫家族情疏，不過諸父分灶，東犬西吠，雞棲於廳，庭中立籬，再變為牆，區區六筆，表面僅為細節而已，然兒，其中有著親情漸變、漸疏、漸隔，貫穿其間。寫母親、祖母、妻子、老嫗之親情，所以歷歷在目者，仍是細節之效。至於尾聲人事滄桑，閨密私情亦僅以一棵樹為可感之載體而已。全文以淺筆寫深情，感人深厚。

／閱讀思辨／

一、本文前後兩大部分的寫作時間相差了十多年，請您嘗試推論為什麼歸有光要在多年之後增補後段文字呢？

二、本文前後兩大部分間隔了十多年，請問您從文字銜接、文本脈絡、邏輯結構、思維組織……等層面上，是否發現有不連貫之處呢？

／跨域思維／

學歷的迷思

歸有光努力讀書以求取功名之心態，或為自己，也為家族的期待，正體現了傳統華人文化裡「萬般皆下品，唯有讀書高」的士大夫觀點。時至今日，華人社會重視學歷的風氣，仍然比起西方國家為甚；不過，這樣的觀念漸漸地被翻轉，科技與媒體愈發普及之後，各行各業皆有發展潛能之際，士大夫為重的傳統觀點也逐漸消弭。

政府在教育層面上提倡適性發展，強調讓學生學習自己有興趣的領域，鼓勵學生發覺自己的興趣領域，學業成績的發展不是唯一的衡量指標，社會氛圍也同奏共鳴，互相呼應。其中，令人印象深刻的一個訴求是：「拒絕成功模板」的終結放榜新聞提議，獲得許多學校的響應，反對將「成功」定義化及模板化，藉此宣示「每個人有每個人的成功」；此外，「斜槓」一詞的出現，也帶動跨領域發展的契機，多元化發展的人才亦能擁有一片天，不再拘泥於世俗認同之「專精才是唯一的出路」，所謂「成功與富足」的定義由個人界定，將多元化的價值逐漸在社會文化裡漾開漣漪，形成花開處處的美麗。請問你對於「學歷」的看法？對於「華人重視學歷」文化的看法？

（創意共享：彰化師大國文系高筠軒、陳欣怡）

【原文】

（一）項脊軒，舊南閤子也。室僅方丈，可容一人居。百年老屋，塵泥滲漉，雨澤下注，每移案，顧視無可置者。又北向，不能得日；日過午已昏。余稍為修葺，使不上漏。前闢四窗，垣牆周庭，以當南日，日影反照，室始洞然。又雜植蘭、桂、竹、木於庭，舊時欄楯，

- 閤：ㄍㄜˊ，小屋子
- 滲漉：ㄕㄣˋ ㄌㄨˋ，滲漏
- 案：書桌
- 葺：ㄑㄧˋ，修補
- 垣：ㄩㄢˊ，矮牆
- 以當南日：承受南面的陽光
- 洞然：明亮的樣子
- 楯：ㄕㄨㄣˇ，欄杆

【翻譯】

（一）項脊軒，就是從前房屋南邊的小閤子。面積僅有一丈見方，只可容納一個人居住。這是一間百年歷史的老房子，一遇到下雨，屋頂的塵土、泥沙便會從縫隙裡滲漏下來，每當想移動書桌，看看四周，都找不到可以安置的地方。又因這屋子是朝北的方向，陽光照不進來，一過中午，屋裡就已經昏暗了。我稍加修補過，使屋頂不再滲漏。又在屋子前面開了四扇窗，庭院四周築起了矮牆，用來擋住南面射來的日光，日光從牆上反射進來，屋內才明亮起來。又在庭院中

亦遂增勝。借書滿架，偃仰（ㄧㄢˇ，俯仰）嘯歌，冥然兀坐（ㄨˋ，獨自端坐），萬籟有聲。而庭階寂寂（寂靜），小鳥時來啄食，人至不去。三五之夜（農曆每月十五日），明月半牆，桂影斑駁（錯落雜亂貌），風移影動，珊珊（多姿的樣子）可愛。

(二)然余居於此，多可喜，亦多可悲。先是，庭中通南北為一，迨（等到）諸父（眾伯叔父）異爨（ㄘㄨㄢˋ，分家各食），內外多置小門牆，往往而是。東犬西吠（親人如同陌路），客踰庖（ㄩˊ，穿越廚房）而宴，雞棲於廳。庭中始為籬，已（不久）為牆，凡再變矣。家有老嫗（ㄩˋ，婦人），嘗居於此。嫗，先大母（去世的祖母）婢也，乳（哺乳）二世，先妣（ㄅㄧˇ，已逝的母親）撫之甚厚。室西連於中閨，先妣

種植了些蘭花、桂樹、竹子和其他樹木，舊時的欄干，也因此增添了不少韻味。屋中藏書擺滿了書架，(生活在其中)有時高歌吟唱，有時靜默端坐著，似乎可以聽到大自然中一切聲響。安靜的庭階上，小鳥不時飛來啄食，即使人們走近牠，也不飛去。每到十五日的夜晚，月光照在牆上，桂花樹影，錯落參差，風一吹，影子也就隨風搖動，輕盈多姿的樣子，令人喜愛。

(二)然而我住在這裡，雖有許多可喜的事，也有許多悲傷的事。早先，這庭院是南北相通，連為一體的，等到伯叔父們分家後，裡裡外外便設置了許多小門牆，到處都是。東家的狗對著西家人叫，這家的客人來吃飯，得先穿越別家的廚房才能到，雞常常棲息在大廳中。庭院裡先是築了籬笆，後來又建起圍牆，總共經歷了兩次的變化。家中有個老婆婆，曾經住在這裡。她是我先祖母

嘗一至。嫗每謂余曰：「某所，而（通「爾」，你）母立於茲（此）。」嫗又曰：「汝姊在吾懷，呱（ㄍㄨ）呱而泣；娘以指扣門扉曰：『兒寒乎？欲食乎？』吾從板外相為應答。」語未畢，余泣，嫗亦泣。余自束髮（十五歲）讀書軒中，一日，大母（祖母）過（探訪）余曰：「吾兒，久不見若（你）影，何竟日（整天）默默在此，大類（似）女郎也？」比（ㄅㄧˋ，等到）去，以手闔門，自語曰：「吾家讀書久不效（成功，動詞），兒之成，則可待乎！」頃之，持一象笏（ㄏㄨˋ）至，曰：「此吾祖太常公宣德間執此以朝，他日汝當用之。」瞻顧遺跡（睹物思人），如在昨日，令人長號（ㄏㄠˊ，放聲大哭）不自禁。

的婢女，哺養過我家兩代人，先母對待她很優厚。這屋子的西邊接連著內室，先母曾來過這裡。老婆婆常對我說：「哪個地方，曾經是你母親站過的地方。」老婆婆又說：「你姊姊在我懷裡哇哇而哭時，你母親就用手指敲著門板問：『孩子是不是冷了？是不是餓了？』我就隔著牆板回答她。」話還沒說完，我就哭了，老婆婆也跟著哭了。我從十五歲束髮之後，就在這書軒裡讀書，有一天，祖母經過我這裡，對我說：「孩子，好久沒有看見你的人影了，為什麼整天不聲不響的躲在這裡，像個大姑娘似的。」等到離去時，用手關好門，她自言自語的說：「我們家中的子弟，已經好久沒有得到功名了，將來這個孩子的成就，或許可以期待。」過了一會兒，祖母拿著一塊象牙製的笏板進來，說道：「這塊笏板是我祖父太常公在宣德年間上朝覲見皇帝時用的，將來你應當會用到它！」回想往事，看看

（三）軒東故嘗為廚，人往，從軒前過。余扃牖（ㄐㄩㄥ ㄧㄡˇ，關上窗戶）而居，久之，能以足音辨人。軒凡四遭火，得不焚，殆（大概）有神護者。

（四）項脊生曰：「蜀清守丹穴，利甲天下，其後秦皇帝築女懷清臺。劉玄德與曹操爭天下，諸葛孔明起隴中（田畝之中）。方（當）二人之昧昧於一隅也，世何足以知之？余區區（微小，謙詞）處敗屋中，方揚眉瞬目（神采飛揚），謂有奇景。人知之者，其（大概、恐怕）謂與埳（ㄎㄢˇ）井之蛙何異？」

（五）余既為此志，後五年，吾妻來歸，時至軒中，從余問古事，或憑几（小桌子）學

遺物，這一切好像就發生在昨天一樣，令人不禁痛哭失聲起來。

（三）項脊軒的東邊曾經是廚房，家人要到廚房去，都得從項脊軒前經過。我常常閉窗而居，日子久了，能從腳步聲分辨出是誰。項脊軒曾經遭遇到火災四次，都沒有被燒毀，大概是神明保護吧。

（四）項脊生說：「巴蜀的寡婦清，守住祖傳的丹砂礦穴，所獲得的財利，冠於天下，後來秦始皇築女懷清臺以表揚她的貞節。劉玄德跟曹操爭奪天下，諸葛孔明才有機會從田畝中被發掘出來。當寡婦清和諸葛亮二人默默無聞地隱居在一個小角落時，世人又怎麼知道他們的存在呢？渺小的我，居處在這破舊的屋子裡，卻還眉飛目動，甚為得意，認為這裡有奇特的景致。別人知道了，大概會說我和井底之蛙沒什麼差別吧？」

書（寫字）。吾妻歸寧，述（轉述）諸小妹語曰：「聞姊家有閣子，且何謂閣子也？」其後六年，吾妻死，室壞不修。其後二年，余久臥病無聊，乃使人修葺（ㄑㄧˋ）南閣子，其制（格局）稍異於前。然自後余多在外，不常居。

（六）庭有枇杷樹，吾妻死之年所手植也；今已亭亭如蓋（傘）矣。

（五）我寫完這篇文章後五年，我的妻子嫁到我家，她時常到軒裡來，向我請問些古代事蹟，有時靠在桌上練習書法。我妻子回娘家向父母請安，從娘家回來後，她轉述妹妹們的話說：「聽說姊姊家有個閣子，但是什麼叫閣子呢？」過了六年，我的妻子去世了，項脊軒壞了也沒再修補。又過了二年，我一直臥病在床，感到非常無聊，便叫人去整修南閣子，修整後的屋子格局跟以前稍有不同。但是自此以後，我待在外面的時間多，不常住在這裡了。

（六）庭院中有棵枇杷樹，是妻子去世的那一年親手種植的，現在已高高挺立像把大傘了。

歷屆考題

一、下列文句，完全沒有錯別字的是：

(A) 我們為了留在實驗室全程緊盯，只能吃幾片餅乾果腹

(B) 他熱切關心國計民生，常以筆鋒尖銳的詩文針貶時弊

(C) 這棟老屋經過修葺維護，已成為遊客拍照打卡的景點

(D) 熟睡中孩子輕輕的打酣聲，總能撫慰父母整天的辛勞

107年大學指考

（解答A）

第四章

想要做自己——獨白與自白

第四章

01

關於老師，你知道的太少！

——韓愈〈師說〉

/文本分析與解讀/

文本背景——獨行者的登高疾呼？

韓愈所身處的中唐，士人「恥學於師」蔚為風氣，韓愈眼見師道不存，便不顧流俗抗顏為師，並且大力提倡儒學，特藉李蟠問學的機會，於唐德宗貞元十八年（西元八〇二年）寫成〈師說〉一文來闡發「師道」的真諦。

當時堅持理念與實踐理想的韓愈，其實是孤單的獨行者，他的理念在當時不見容於世俗。柳宗元曾經在〈答韋中立論師道書〉一文中這樣提到：「今之世不聞有師；有，輒譁笑之，以為狂人。獨韓愈奮不顧流俗，犯笑侮，收召後學，作師說，因抗顏而為師。世果群怪聚罵，指目牽引，而增與為言辭，愈以是得狂名。」

因此，〈師說〉一文的時代意義顯得特別強烈，值得咀嚼；放在當代社會脈絡裡，亦值得省思。

文本分析

韓愈，不愧是論述思辨的高手，在〈師說〉的邏輯結構上的安排，有著匠心獨運之處。如：第三到第五段，韓愈採取對比方式將兩種型態的學習狀況進行比較，一派問學，另一派不問學。「問學與否」是主要旨趣，韓愈又透過「不同身分」者，問不問學的作法，分別展開，以進行論述。

段落	第三段	第四段	第五段
問學	古之聖人——從師而問	士大夫愛其子——擇師而教之	巫醫樂師百工之人，不恥相師
不問學	今之眾人——恥學於師	士大夫於其身也——則恥師焉	士大夫之族，曰師曰弟子云者，則群聚而笑之

其次，除了首尾兩段之外，本文的每一段論述特色是，在該段結尾處都有「小結論」，以協助該段文字提取及歸納重點。

第二段	**是故**無貴無賤，無長無少，道之所存，師之所存也。
第三段	**是故**聖益聖，愚益愚。聖人之所以為聖，愚人之所以為愚，其皆出於此乎？
第四段	句讀之不知，惑之不解，或師焉，或不焉，小學而大遺，吾未見其明也。
第五段	巫、醫、樂師、百工之人，君子不齒，今其智乃反不能及，其可怪也歟！
第六段	**是故**弟子不必不如師，師不必賢於弟子。聞道有先後，術業有專攻，如是而已。

另外，韓愈在文章開頭提出「師者，所以傳道、受業、解惑」的命題，關於「傳道」、「解惑」等都反覆在文章裡申論闡釋，唯獨受業的「業」尚未點明，如果文章寫完了，其他都有提及，而忽略了此處，這看來可能是一個結構及思路上的漏洞。但是，韓愈的邏輯嚴密在於，到了最後的結論，通過「孔子師郯子、萇弘、師襄、老聃」一句，表示正因為郯子、萇弘、師襄、老聃等人的「術業專攻」，孔子遂不恥下問。韓愈把「術業」

與「道」等同論之，不但強調，而且在前後邏輯上也更完整順暢。以下逐段分析韓愈的寫作與思辨高明之處：

（一）請古人來作證

文章開篇即提出了論點：「師者，所以傳道、受業、解惑也。」接著，韓愈提出了兩個共識：其一是具有權威性的話語「古之學者必有師」，韓愈以復古為旗幟，從他的角度而言，抬出古人為例證，是具有不可反駁的權威性，能夠形成讀者的一種「共識」。其二是說出眾所周知的常識：「人非生而知之者，孰能無惑？惑而不從師，其為惑也，終不解矣。」就文章結構而言，以上這句話是承接「傳道、授業、解惑」而來，照理來說，文意應據此邏輯開展而下，但是，韓愈只承接了三者當中的「解惑」來詮釋，他先從無庸置疑的「解惑」入手，「人非生而知之者，孰能無惑。」這句話不但是理論上的共識，而且幾乎是常識，用常識來作因果分析，進而演繹出：如果不從師則終生不能解惑，以此來證明老師的必要作用和從師的重要性。

（二）年齡不是距離、貴賤不是問題

文章寫到這裡，邏輯結構還不能算是「嚴謹」，因為還沒有接觸到論題中更重要的「傳道」一意。可是，如果直接接續地闡述「傳道」，就可能變成平面羅列型的論述，這樣的形式在立意組織上難免顯得普通。韓愈避免了平面羅列的方式，而把傳道和年齡聯繫起來，於是說出了：「生乎吾前，其聞道也，固先乎吾，吾從而師之；生乎吾後，其聞道也，亦先乎吾，吾從而師之。吾師道也，夫庸知其年之先後生於吾乎？」把「傳道」一事超越年齡潛在的限制，讓「師道」的內涵深化了一個層次，誰能傳道誰就是老師。韓愈認為學習者不但需要向長者師道，也可以向幼者師道，如此正符應了韓愈所言：「吾師道也，夫庸知其年之先後。」文章接下來說：「是故無貴無賤，無長無少，道之所存，師之所存也。」從年齡上的「無長無少」，推演向「無貴無賤」，「無貴無賤」是指不受社會地位貴賤高低的限制，韓愈將從師問學的對象超越年齡、超越階層的潛在限制，這樣的論述無疑是將論題的涵蓋度擴大，並且也將論題的深度（不論貴賤）增強。本文前兩段有了這樣從「解惑」到「傳道」再到「師道」的遞進，所謂「層層銜接，一氣貫通，毫無冗餘之處，概念明晰，論證嚴密。」這樣的稱讚才不是空談。最後的一句「道之所存，師之所存。」將「師」與「道」兩者密切綰合，正是韓愈內心最深刻的呼喊。

（三）恥學於師的嚴重後果

正是因為〈師說〉在思想上有某種反潮流的性質，韓愈不滿足於泛泛立論，他更要針對時俗進行尖銳的評斷。因此，我們更能領會韓愈在〈師說〉中，為了強化他的論點而大聲疾呼、振筆直書的企圖。於是，我們看到韓愈從第三段到第五段，從正反兩面進行強烈對比，並舉了不少例證，來凸顯其張力。如第三段中說：「古之聖人，其出人也遠矣，猶且從師而問焉；今之眾人，其下聖人也亦遠矣，而恥學於師。」把「古之聖人」的「從師而問」和「今之眾人」的「恥學於師」相對比，凸顯中唐當時的「恥學於師」之不良習氣，而此，正是聖愚分野的關鍵所在。更有甚者，進一步推演出不肯從師問學的嚴重後果，那便是：「是故聖益聖，愚益愚。聖人之所以為聖，愚人之所以為愚，其皆出於此乎？」韓愈區別聖人和愚人的主要依據就是「從師」與「不從師」，以此來加強「從師」的重要性。很顯然，此處表現了韓愈文章的一種特色：在邏輯深化過程中，將矛盾及其後果推向極致，以構成韓愈文章的鋒芒和氣勢。

（四）不能只學標點符號！

寫到此處，似乎已經將結論抬升至高點了，恐怕無法再翻出一層新意了，但是韓愈總是能在鋒芒之上再開新枝。他接著說：

愛其子，擇師而教之；於其身也，則恥師焉，惑矣。彼童子之師，授之書而習其句讀者，非吾所謂傳其道解其惑者也。句讀之不知，惑之不解，或師焉，或不焉，小學而大遺，吾未見其明也。

在第四段的對比中包含著雙重悖論，第一重是愛其子擇師，於其身則恥師；第二重悖論是：即使因為愛，成人為童子所選擇的老師，其教導的內容不過是簡單的句讀而已，這並非韓愈心目中真正的「師」。所謂真正的師者，就韓愈此處的標準而言應當是能夠「傳道、解惑」。在此雙重悖論的基礎上，文章遂推出「小學而大遺」的結論，於是，「小學而大遺」一事更顯得荒謬。（註：悖論是指某些奇特的推論。這些推論的假設和邏輯看似合理，但卻帶出明顯不可接受的結論。）

（五）士大夫的傲慢要不得

接著，韓愈從前面的論述中進行深層的根源挖掘，將批判的矛頭指向了當時的「士大夫之族」：「巫醫樂師百工之人，不恥相師。士大夫之族，曰師曰弟子云者，則群聚而笑之。問之，則曰：『彼與彼年相若也，道相似也。位卑則足羞，官盛則近諛。』」此處的對比是：一方是被視為低賤的「巫醫樂師百工之人」，另一方則是自視為高貴的「士大夫之族」，他們兩者對於師道問題是抱持著相反的態度。而韓愈論述的高明處在於，揭出了當時社會「恥學於師」的思想根源，除了因為年齡、貴賤之外，還有一個「士大夫之族」根源性的、病態的自尊和虛榮，那便是「位卑則足羞，官盛則近諛」。士大夫之族的階層意識作祟，顯於外的便是無法真正「求師問學」，無法面向內心，無法跨越階級，所以，自然無法獲得真知與至道。本來這是一篇說理性質的文章，以理取勝即可，一般是不用抒情的。但是，韓愈到了這裡，卻突然從理性的高度轉向情感抒發：「嗚呼！師道之不復可知矣！巫醫樂師百工之人，君子不恥，今其智乃反不能及，其可怪也歟！」這樣的吶喊語氣充分展現韓愈對當時荒謬的社會現象是激憤的，而就理性與感性層面而言，韓愈於此都有了高漲的情緒。

（六）打破階層框架、尊重專業

一般古文，到了「嗚呼」，應該就結束了，但是韓愈卻沒有，接著第六段的文字是這樣寫的：「聖人無常師。孔子師郯子、萇弘、師襄、老聃。郯子之徒，其賢不及孔子。孔子曰：『三人行，則必有我師。』」韓愈此處的落筆是迥異於前面的意念與文意的鋪排。他以社會地位屬於「崇高者」為例（孔子），說明即使貴為聖哲之人的孔子，仍然仍不恥下問，虛心向學。孔子可以向賢能或是知識不及他的人為師，透過這樣極端的例證，韓愈的目的是為了突出兩個極高層次的結論，其一是「是故弟子不必不如師，師不必賢於弟子。」老師不一定比弟子優秀，而弟子也不必然遜色於老師，所謂「青，出於藍而勝於藍，冰，水為之而寒於水。」正是解釋這樣的概念。此外，第二個結論是「聞道有先後，術業有專攻，如是而已。」

文章最後說明寫作此文的原因：青年學子李蟠向韓愈請學，韓愈為了嘉許他能行古道，有傳統古風之好習慣，所以寫了這篇文章送給他。

（七）什麼是真正的「師」呢？

韓愈從前揭之從師問學的重要性及為師的標準「傳道、授業、解惑」，一路迤邐而下，除了抽象論點的表出，更能具體於論證及論據的提供及演繹，所以，文章走到末端，讀者跟著文意及情緒而走，內心也產生了最為關鍵的大哉問：那麼，到底何人可以為「師」？又，何者是真正的「師」呢？韓愈表示不問階級、遑論年紀，巫醫樂師百工之人、萇弘、師襄、郯子等之所以都能為師，正是因為他們聞道在前，並且術業有專攻，所以足以為人所學。這是對全文的總結，這個總結不但在內涵上深化，也在結構上更顯嚴密。

閱讀思辨

一、韓愈在〈師說〉一文中表述了許多見解及看法，請問您閱讀之後，認為他的中心論點是什麼呢？

二、此外，〈師說〉一文是韓愈送給當時年輕學子李蟠，屬於「贈人以言」的作品，可以稱得上是「贈序」文。請問，韓愈以〈師說〉為題較佳？還是〈贈李蟠序〉？

三、韓愈是古文運動的領袖，是唐宋古文八大家的代表，他反對僵化、浮豔的駢賦，但並非一味排斥駢文的表現手法。〈師說〉一文主要用散句，但又吸納了駢文的對仗手法，時常把不規則的散文句子用類似駢文對仗的對稱結構統一起來，形成了語言的節奏感，請舉例文中，使用駢文句式的部分在哪裡呢？

四、韓愈在〈師說〉裡談的「道」是具備當時代的歷史意義，是儒家傳統道統之大義。因此，如果將「道」僅僅譯成今日一般意義上所認知的「道理」，就可能造成一些誤解。請問，就現代社會而言，如果我們仍說：「師者，所以傳道、授業、解惑也。」你認為其中的「道」與「惑」應該包含哪些內容呢？

/跨域思維/

教育的多元形式

當代社會，我們也會聽到「師道之不復」這樣的說法？甚至有人戲稱「教育業」也成了另一種形式的「服務業」。現在教育形式多元，政府開放「實驗教育」，也允許學生「在家學習」，「學校」一詞的意義不必然是具體的、空間的；教學的形式可以線上、遠距、同步與非同步。教育或是學校已然可以跨越時空的限制了，請問你對於上述這諸多現象，有何看法？

文本閱讀

【原文】

(一)古之學者必有師。師者，所以傳道、受業、解惑也。人非生而知之者，孰(ㄕㄨˊ，誰)能無惑？惑而不從師，其為惑也，終不解矣。

(二)生乎吾前，其聞道也，固(本來)先乎吾，吾從而師(學習，動詞)之；生乎吾後，其聞道也，亦先乎吾，吾從而師之。吾師道也，夫庸(豈、何必)知其年之先後生於吾乎？**[小結論]**是故無貴、無

【翻譯】

(一)古時求學之人，一定有老師。老師是傳授道理、學問，講授學業、知識，解答疑惑的人。人並不是一生下來就明白所有道理的，誰能沒有疑惑？有了疑惑卻不請教老師，那麼他的疑惑也就永遠不能解決了。

(二)比我早出生的人，他所懂的道理本來就比我早，我當然向他請教；出生在我之後的人，若是他懂得道理也比我早，我也會向他學習。我所要學的是道理，又何須知道他的年紀比我大或比我小呢？所以，不論地位的貴賤、年紀的大小，道理在哪裡，誰就是我的老師。

(三)唉！從師問學的風氣，很早就不流

賤、無長、無少，道之所存，師之所存也。

（三）嗟乎！師道之不傳也久矣！欲人之無惑也難矣！古之聖人，其出（超越）人也遠矣，猶且從師而問焉；今之眾人，其下（不足）聖人也亦遠矣，而恥（以……為恥，動詞）學於師。**小結論** 是故，聖益聖，愚益愚，聖人之所以為聖，愚人之所以為愚，其（大概）皆出於此乎？

（四）愛其子，擇師而教之，於其身也則恥（以……為恥）師焉，惑矣！彼童子之師，授之書而習其句讀（ㄐㄩˋ ㄉㄡˋ，「讀」通「逗」）也，非吾所謂傳其道、解其惑者

傳了！想要人們沒有疑惑也就很難了！古時候的聖人，他們的學問道德超出一般人甚多，尚且向老師請教；如今一般常人，他們的道德學問遠不及聖人，卻認為向老師學習是可恥的。由於這個原因，聖人更加聖明，愚人更加愚笨；而聖人之所以成為聖人，愚人之所以成為愚人，大概也是因為這樣的原因吧？

（四）人們疼愛自己的孩子，挑選老師來教導他，但是他自身卻認為向老師請教是可恥的，真是令人困惑啊！那些孩子的老師，只是教導孩子誦讀書籍，學習斷句標點，並非我所說的傳授做人處事的道理，和解決各種疑惑的啊！不懂得斷句標點，便去向老師學習，有了疑惑不能解決，卻不去請教老師，細小之處懂得去學習，大的地方卻遺漏了，我看不出他聰明的地方在那兒啊！

也。句讀之不知，惑之不解，或師焉，或不焉，小學而大遺，吾未見其明也。

小結論 錯綜句式：句讀之不知，或師焉；惑之不解，或不焉

（五）巫、醫、樂師、百工之人，不恥相師。士大夫之族，曰師，曰弟子云者，則群聚而笑之，問之，則曰：「彼與彼年相若也，道相似也。」位卑則足羞，官盛則近諛（ㄩˊ，諂媚）。嗚呼！師道之不復（恢復）可知矣！巫、醫、樂師、百工之人，君子不齒（並列，動詞），今其智乃（竟然）反不能及，其可怪也歟！

（六）聖人無常師。孔子師郯（ㄊㄢˊ）子、萇（ㄉㄢ）弘、師襄、老聃（ㄔㄤˊ）。郯子之徒（輩），其賢不及

（五）巫師、醫師、樂師和各行各業的工匠，他們不把向老師學習看作是可恥的事；但是士大夫階級的人，只要有人以「老師」、「學生」互相稱呼，大家就聚在一起取笑他們，問他們原因，就說：「他和他年紀差不多，學問也相似啊！」向地位卑下的人學習就感到十分可恥，向官職顯赫的人請教又覺得有諂媚之嫌。唉！從師問學的風氣不能恢復是可想而知的了。巫師、醫師、樂師和各種工匠，士大夫不屑與他們並列，現在士大夫的才智反而趕不上這些人，那不是很奇怪的事嗎！

（六）聖人沒有固定的老師，孔子曾經向郯子、萇弘、師襄、老聃這些人請教。郯子這些人，聰明才德比不上孔子。孔子說：「三人同行，其中一定有可以當我老師的人。」所以學生不一定不如老師，老師也不一定都

孔子。孔子曰：「三人行，則必有我師。」是故弟子不必不如師，師不必賢於弟子。聞道有先後，術業有專攻，如是而已。

（七）李氏子蟠（ㄆㄢˊ），年十七，好古文，六藝經傳（六經的經文和傳文），皆通習之。不拘於時（時俗），請學於余。余嘉其能行古道（古人從師問學之道），作〈師說〉以貽（ㄧˊ，贈送）之。

比學生高明，只是了解道理的時間有早有晚，學術技藝各有專長，如此罷了。

（七）李蟠才十七歲，喜好古文，六藝的經傳，都已經通曉熟習，不受當前風氣的拘束，來向我請教，我讚美他能實行古人從師問學的道理，就寫了這篇〈師說〉送給他。

歷屆考題

一、下列各組文句「」內的字，前後意義相同的選項是：

(A) 之推不得已而仕「於」亂世／以其無禮「於」晉，且貳於楚

(B) 於是飲酒樂甚，「扣」舷而歌之／娘以指「扣」門扉曰：兒寒乎

(C) 則漢「室」之隆，可計日而待也／或取諸懷抱，晤言一「室」之內

(D) 大行不「顧」細謹，大禮不辭小讓／乘驢而去，其行若飛，回「顧」已遠

(E) 惑之不解，「或」師焉，或不焉／「或」勸以少休，公曰：吾上恐負朝廷，下恐愧吾師也

105年大學指考

（解答BE）

第四章

02

人生再苦，也要笑著走完

——蘇軾〈赤壁賦〉

／文本分析與解讀／

文本背景——與命運搏鬥的姿態

每個華人的心中都有一個東坡，那個執鐵板銅琶，唱大江東去的蘇軾，不僅活在他自己生命的流裡，更活在中華文化的歷史長河裡。解讀東坡的作品，若自外於他的生平背景，會產生遺憾的理解，你可能看得到浩渺壯闊的文風與筆法，讚歎稱美東坡不世出的創作才華，可是，作品裡更為深刻的意涵及詮釋，必須要置身於作者的時空背景裡才能更完充分與完善。

〈赤壁賦〉一文是不少讀者耳熟能詳、琅琅上口的作品，搭配上〈後赤壁賦〉及〈念奴嬌．赤壁懷古〉共同譜成黃州時期蘇軾作品的豁達豪放風格。而這段黃州時間是蘇軾人生的低潮卻是創作的高潮，他曾自嘲說：「問汝平生功業，黃州惠州儋州。」其實，蘇東坡在黃州的生活是淒苦的，這些優美的詩文，是對淒苦的一種掙扎和超越。

關於黃州貶謫生活的點滴，並不全然如赤壁之詠裡那樣清風明月、曠達自適，在他自己寫給李端叔的一封信裡描述得非常清楚。信中說：「得罪以來，深自閉塞，扁舟草履，放浪山水間，與樵漁雜處，往往為醉人所推罵。輒自喜漸不為人識，平生親友無一字見及，有書與之亦不答，自幸庶幾免矣。」

這段話可以如實呈現東坡謫居黃州時，其生活與心境上的寫真，這是有別於藝術化生活的赤壁詠嘆。因「烏臺詩案」而貶至黃州的東坡，在生命絕望的荒漠裡，抬頭問天，低頭吟哦，到底，跟命運搏鬥，可以用什麼姿態？

中國文學系統裡，關於生死壽夭這個大命題，很早就出現了，這是人之為人不得不面對的課題，即使是王公貴族、文人雅士亦然。屈原有「老冉冉將至兮，恐歲月之不吾與。」到了《古詩十九首》中則是「生年不滿百，常懷千歲憂。」而曹操在〈短歌行〉中則發出「對酒當歌，人生幾何？譬如朝露，去日苦多。」的慨嘆。至於唐初詩僧王梵志則有「城外土饅頭，餡草在城裡。一人吃一個，莫嫌沒滋味。」宋代范成大曾把這首詩的詩意鑄為一聯：「縱有千年鐵門檻，終須一個土饅頭。」對於生命苦短的命題，文學上的處理手法大抵為無可奈何之情為多，而蘇軾在〈赤壁賦〉裡選擇直接面對生死壽夭，提出了形而上的回答。福建師大孫紹振教授評為：「東坡如此作法，實屬於一個智者的境界，這個境界在蘇軾的思想和藝術中是可以列入『風流』（瀟灑）範疇的。」所謂「風流」，主要指一種瀟灑脫俗的人生態度。

在烏臺詩案中，東坡遭到的迫害是嚴酷的，當時一位不乏狂氣的壯年人，不但受到政治的打擊，並且受到精神的摧殘，在牢獄中，死亡的恐懼折磨了他好幾個月，親朋遠避，更使他感到世態炎涼、人情澆薄。貶謫到黃州後，在嚴酷的逆境中，一位以詩獲罪的詩人，不得不尋求自我的解決與出路，因而在生活態度上，創造出一種超越禮法，對人生世事豁達淡定、放浪形骸的姿態。這樣的主題，是一種出世的想像。而這種出世的想像，並不完全是僧侶式的苦行。從正面說，是從大自然中尋求安慰；從反面說，是對自己菁英身分的漫不經心，他把這種姿態詩化為一種平民瀟灑的藝術：「竹杖芒鞋輕勝馬，誰怕？一蓑煙雨任平生。料峭春風吹酒醒，微冷，山頭斜照卻相迎。」但是，東坡的風流不僅僅是名士之風流，而且是智者的風流。（孫紹振教授之用語）於是，在〈赤壁賦〉中，不但詩化了江山之美，而且將之納入宇宙無限和生命有涯的矛盾之中，把全文的立意提升到積極面對美好的自然，享受生命的歡樂，展現曠達胸襟的高度。也正因為東坡是智者，他的不拘禮法，是很自然的，很平靜的，很通脫的。因而，長江在他筆下，寧靜而且清淨：「**清風徐來，水波不興。**」、「**白露橫江，水光接天。**」這正是他坦然脫俗的心境，也塑造出〈赤壁賦〉中許多哲學性、形而上的思考。

文本分析

全文從蘇子與客夜遊赤壁入手，中間記述主客對話，最後主客重開酒宴，儼然一篇記事之文，寫景、敘事、議論等手法交錯其間，而占篇幅最大的是第三、四段的以詩化語言展開的對話。此外，第五段的「議論」是全文的旨趣，表面的「樂、悲、喜」之情，都聚焦於這段蘇子之答。沒有了這曠達深邃的智者之答、智者風流，〈赤壁賦〉就列不進最有光芒的千古經典之列。為了引出、突出這最後的高潮，前文作了很多鋪墊、對比，其間的起承轉合，「樂、悲、喜」的正反合，明轉暗轉的銜接過渡，圓融自如，天衣無縫。

本文是宋代文賦的名篇，它採取了漢賦的「主客問答，抑客申主」結構形式。其好處是，借此主客對話，以便於作者議理，且不著痕跡地推出他的智者之答。而主客對話，又是本次蘇子與客同遊赤壁的主要內容，於是，作者的議論不顯突兀，引出智者之答乃題中之義。〈赤壁賦〉貫穿全篇的思想內容有兩方面：一是「哀吾生之須臾，羨長江之無窮。」；二是抓住時機耽賞大自然的江山風月；而主導思想偏重於後者。讀者所感受到的是作者希望一個人不要發無病之呻吟，不要去追求那種看似超脫塵世其實並不現實的幻想境界；而是應該適應現實，陶醉於這種寧靜恬適的現實（儘管它是短暫的）環境裡。〈赤壁賦〉的成功處乃在於它有一種魅力，即大自然之美足以使人流連忘返，不得不為之陶醉。這種沉浸於當前的適意境界中之滿足，正是蘇軾一貫的生活態度。特別是處於逆境中，如此生活態度總比畏首畏尾的憂心忡忡或無所作為的意志消沉顯得樂觀曠達，顯得有生機、有情趣。

（一）為「樂」的真意所埋下種種伏筆

如王國維所言：「一切景語皆情語」。〈赤壁賦〉一開始的寫景和情緒的發抒密不可分，所有「景境」都是「心境」的反映，也可稱心靈圖景。「壬戌之秋，七月既望」，是農曆七月十六日，這是蘇軾的有意擇日，還是大自然的偶然呼應呢？我們不得而知。但我們隨即看到的圖景：「月出於東山之上，徘徊於斗牛之間。」在闃黑山景的襯托下，一片皎潔的光華傾瀉於廣闊水面，映照著粼粼江水，其潔淨、寧靜、悠閒、闊大，如在目前「縱一葦之所如，凌萬頃之茫然。」在壯闊之江景中透析出一種清明的曠達、通脫的心境。而本段中的敘事也一樣，「誦明月之詩，歌窈窕之章。」這是享受美好自然、享受生命歡樂的呈現。因此，一開始的寫景、敘事、抒情等寫作手法，自然融為一體，詩人以一個「樂」字概括（於是飲酒樂甚）。但，這不僅僅是一般意義上的「樂」，是蘇軾曠達通脫心境的獨特之樂，這曠達之樂的原因要到文章末了才會揭示。

一般的分析與鑒賞，都會提到本文中的「樂」、「悲（託遺響於悲風）」、「喜（客喜而笑）」三個字，以之作為文章的結構，或稱為線索，或稱為抒情基調，意旨這三個字貫穿了全文脈絡。此文，真正精采而令人注目的還有東坡的「議論」之筆，因為，議論出的想法是東坡真正想要告訴讀者的。同樣，僅僅看到一望而知的樂、悲、喜等情緒，遠遠不夠，還必須看出它們背後獨特的意涵，看出它們之間是如何銜接、過渡、轉折，這才是全文的內在意義脈絡。

(二)由樂轉悲的過渡

第三的段前半部分，繼續前一段歡樂心情下的歌飲場面之描寫，依然是景、事、情的渾然一體，意義脈絡還沒有顯著變化。到了後半部分，出現了轉折與變化，客人之中有吹洞簫者，吹出了「如泣如訴」的悲歌。這部分既是敘事，記敘洞簫客演奏的過程，也是寫景，主要是聽覺之「景」。音樂是不可見的，蘇軾採取了前人，特別是唐代詩人表現音樂的慣用手法，一是擬聲（其聲嗚嗚然）；二是譬喻（如怨、如慕、如泣、如訴，不絕如縷）；三是側面描寫的效果手法，即「舞幽壑之潛蛟，泣孤舟之嫠婦。」特別是後一句，洞簫聲竟使寡居之婦哭泣，而且在孤舟之上，其聲之悲，可以想見。這裡要注意的有二個問題：其一，就景、事、情的統一而言，此段音樂的描述表現是洞簫客的悲情，這是毫無疑問的，不過，蘇軾的心情顯然不是如此悲情，所以，在第三段一開頭，蘇軾才要問洞簫客：「何為其然也？」也因此才有了第四段一整段的洞簫客之回答。這一轉折、過渡，大體來說，很合理、很自然。但是，細而言之，為什麼洞簫客的問答是從曹操的故事講起呢？又如何末了轉到「託遺響於悲風」？只有理清楚了它，才能更好理解〈赤壁賦〉「樂——悲——喜」的起承轉合之妙，以及文章是如何於最後，推展出蘇軾自己曠達通脫的生命觀。

（三）悲生命之苦短

第四段的情調是「悲」（託遺響於悲風），但全段實際上都是「議論」的手法，是洞簫客告訴蘇子，為何他會「託遺響於悲風」。洞簫客在回答蘇子之問的這一段裡，整個推論邏輯及文意脈絡是：

第一層：月明星稀之夜，我們來到這個叫「赤壁」的地方，自然可以聯想起曹操因天下未定，慷慨悲歌的「月明星稀，烏鵲南飛。」的〈短歌行〉，更想起當年的赤壁之戰，想起一世英雄的曹操。

第二層：為何洞簫客一開頭提起曹操，有論者說，此處大書特書曹操的英雄氣象，乃是要推出「而今安在哉」的對比；更進一步乃是為了襯托、突顯「吾與子」的無足輕重。因為，只有把曹操寫得英雄形象更為明顯（舳艫千里，旌旗蔽空，橫槊賦詩，一世之雄。），才能對比出「吾與子」的愈顯渺小，就更能悲嘆吾輩小人物，微小得如滄海一粟；並且，人生短暫得如朝生暮死的蜉蝣。文中的「況吾與子」之「況」字，解為「何況是」，其作用就是「對比」，是為了突出「吾與子」與「曹操」的不同。曹操是一世之雄，實踐著「破荊州，下江陵。」，統一天下的大事業；我們不過是「漁樵於江渚之上，侶魚蝦而友麋鹿。」打魚砍柴，終日與魚蝦麋鹿相處的平凡小人物；曹操「舳艫千里，旌旗蔽空。」而我們不過「駕一葉之扁舟」；曹操「釃酒臨江，橫槊賦詩。」何等氣派風流，我們不過是「舉匏樽以相屬」，喝喝小酒。所以我們卑微，我們平凡。如今，一世之雄的曹操「而今安在哉」，更何況「吾與子」這些無足輕重的小人物呢？

第三層：正因為吾輩小人物感到生命苦短，因而「哀吾生之須臾，羨長江之無窮。」於是，我們想要「挾飛仙以遨遊，抱明月而長終。」像神仙、明月一樣萬古長存，又「知不可乎驟得」，不是能馬上實現，是幾近於遙遙無期之空想。於是，上述一切，都只是鋪墊、過渡，目的就是轉到這最後一句——「託遺響於悲風」，因為知道一切的不可能，乃把自己悲傷心情寄託於悲涼的秋風中。至此，所有文意既上承蘇子之問——為何洞簫客的簫聲是如此「如泣如訴」？又下啟第五段的蘇子之答。於是，我們可知第四段的悲，是「客」之悲，悲在生命苦短，長存無望。

（四）世間萬物的變與不變

第五段蘇子對洞簫客的大哉問提出了他的回答，也等於為生命苦短之命題找到出路，於是，全文才有最後尾聲，客喜而笑，一切重回前文的飲酒高歌之歡樂。前面數段的所有文句都是為了引出，這波最後的高潮，最後的智者思考。蘇子之答的切入句是「客亦知夫水與月乎？」銜接的就是上段洞簫客末了回答的「羨長江之無窮」、「抱明月而長終」中的「水」「與」「月」。並且，本段中的「惟江上之清風，與山間之明月。」也是呼應首段的「清風徐來，水波不興。」「月出東山」等美妙風景。

既然，本段是東坡對於生命倏忽命題的議論，他又如何表現出自己的觀點呢？

首先，蘇子曰：「客亦知夫水與月乎？」東坡藉水月為喻，「逝者如斯，而未嘗往也（指水）；盈虛者如彼，而卒莫消長也（指月）。」此四句指涉：現象雖不斷改變，但本體從未改變，既然如此，人便不需拘泥於表象的瞬息萬變，求本體安住當下就可以了。再者，就個人生命現象而言，生老病死，固然有其限制；但大我的本體卻能如長江明月，永無盡期。更何況人生在世，尚有立德立功立言的三不朽，都能使生命價值流傳後世。於是，東坡藉水月之喻進一步闡述：水似乎時時不停奔流，月亮也每日有其圓缺變化，但，那只是我們肉眼這一刻所看到的現象，就本質（本體）而言，水的整體並沒有變化，只是流到不同地方，以其他形式來存在而已；而月亮也是如此，我們的肉眼所見初一、十五的圓缺變化，只是因為星體轉動所致，太陽、月亮、地球相對位置隨之不斷變化而產生的。

所以，人如果可以超然看待變與不變，明瞭「現象」和「本質」的關係，那麼，對於人生就能夠有比較豁達的態度了。於是東坡發了議論：「自其變者而觀之，則天地曾不能以一瞬；自其不變者而觀之，則物與我皆無盡也。」蘇軾為客人解說，自然中所有萬物皆有盛衰消長之勢，若從「變」的角度來看，所有的事物皆有「變」的一面；若從「不變」的角度來看，所有的事物也都有「不變」的一面，因此，毋需羨長江之無窮，天地萬物各自有存在的意義與價值，可以嘗試從不同角度去理解，無須執著於單向的想法。

我們以表格來審視東坡這段水月之喻的精妙處：

主體	現象（變）	本體（不變）
水	逝者如斯	未嘗往也（未曾變動）
月	盈虛者如彼	卒莫消長也（最後沒有消長變化）

東坡除了論述之外，接著「就近取譬」（以近處可見的東西為喻），「惟江上之清風，與山間之明月，耳得之而為聲，目遇之而成色，取之無禁，用之不竭，是造物者之無盡藏也，而吾與子之所共適。」眼前的清風明月是大自然的無盡寶藏，徜徉其中能使人的耳目感官得到愉悅之情，人們如能擺脫「擁有」的觀念，即可突破生命的限制，進而達到精神上的超越及自適，這樣的概念意近：「江山風月本無主，得閒便是主人。」得閒與否，端視一己之心、之思。蘇軾不是苦行僧，並不如佛家那樣要求六根清淨，相反，他倒是強調五官開放。但他也不是純然放縱的及時行樂，「物各有主，苟非吾之所有，雖一毫而莫取。」他取之有道，順其自然，積極、盡情享受大自然和歷史文化的美好，享受生活和藝術的美好，這些都是造物者無盡寶藏，取之無盡，用之不竭，生命的美好也顯得無盡起來。

（五）生命總會找到自己的出路

承接第五段，來到最後，客喜而笑，重回前面的飲酒高歌歡樂：描述「客」在聽完蘇子的說理之後，心境豁然開朗，由先前的悲情轉為愉悅。透過「喜→笑→洗→更」四個動詞，顯現客的心理反應（喜）到表情（笑）到動作（洗、更），一切合乎一般人從心理改變到行為的改變。也可見客已然跳脫出內心的悲，回到當下的事物（盞、酌）。因為心靈的感悟之樂，回到現實後，所產生的「喜」情，較首段更為欣悅。而「東方之既白」也體現心境上的煥然一新。

這種美好樂觀的信念使得蘇軾也得到了慰藉，主人與客人乃率性歡樂：「洗盞更酌。肴核既盡，杯盤狼藉。相與枕藉乎舟中，不知東方之既白。」這就是蘇軾此時嚮往的通脫豁達的智者境界，他們為生命倏忽找出解決與出路，這恐怕是「客喜而笑」更重要的原因。

／閱讀思辨／

一、這篇文章最大的特色便是利用主與客的問答，來呈現旨趣，而「問答體」是「賦」重要的呈現方式之一。東坡是唐宋古文八大家之一，他為什麼不以「古文（散文）」形式來完成此文，而以「賦」的體式來書寫，你的推論是？

二、本文有趣的一個命題是：洞簫客的悲傷是否真的是他的悲傷呢？有沒有可能是蘇軾內心感受的另一種代言呢？人的思緒或情感常有正反兩面向同時出現的現象，也就是所謂「天使」與「魔鬼」的掙扎，而文人利用兩股聲音的辨證，來釐清自己的確切思維到底在哪裡，這樣的情形是可能的，就像屈原的〈漁父〉篇裡，漁父和屈原的對話一樣。請說說你對於這樣「命題」或是「推論」的想法是？

／跨域思維／

生命V.S.宇宙

蘇子認為若從變動的角度來看，天地萬物沒有一刻不變化；若從不變的角度來看，萬物與自己皆無窮無盡。蘇子以莊子「變與不變」的思想，來強調事物的相對性，亦告訴眾人，人生應超脫短暫、渺小的困境，從中找尋永恆的歸屬。蘇子是瀟灑脫俗的智者，豁達的認為人應把握當下之美。而其他人的觀點呢？宋代詞人蔣捷名句：「流光容易把人拋，紅了櫻桃，綠了芭蕉。」還有南唐後主李煜：「林花謝了春紅，太匆匆。」都表露一種美景易逝、韶光難留的感慨之情。在時空變換極速的現代，「活在當下」似乎成了大家的口頭禪，你認為呢？你又是如何看待一己生命與宇宙萬物的關係呢？

（創意分享：彰化師大國文系于之澄、黃思睿、邱鳳樺）

【原文】

(一)壬戌(ㄖㄣˊ ㄒㄩ)之秋，七月既望，蘇子與客泛舟遊於赤壁之下。清風徐(緩慢的)來，水波不興(起)。舉酒屬(ㄓㄨˇ，勸請)客，誦〈明月〉之詩，歌〈窈窕(ㄧㄠˇ ㄊㄧㄠˇ)〉之章。少(ㄕㄠˇ，不久)焉，月出於東山之上，徘徊於斗牛(星斗名)之間。白露橫(瀰漫)江，水光接天。縱一葦(小船)之所如(往)，凌(跨越)萬頃之茫然。浩浩乎如馮虛(ㄆㄧㄥˊ，通「憑」，天空)御風，而不知其所止；飄飄乎如遺世(遠離塵世)獨立，羽化而登仙。

【翻譯】

(一)壬戌年的秋天，七月十六日，蘇子和客人在赤壁下泛舟遊覽。清風徐徐地吹來，水面波浪平靜。舉起酒杯，勸客飲酒，然後吟誦著《詩經》．〈月出〉篇，歌詠窈窕章的詩句。不久，月亮從東邊的山頭升起，在星斗之間緩慢移動。白露瀰漫整個江面，水光與天色接連成一片。我們任憑小舟隨意飄盪，橫越茫茫萬頃的江面。(這樣的情景)就好像乘風遨遊在天空中，不知道將要停止於何方；又飄飄然地好像遠離世俗，超然獨立，身生羽翼而飛升成仙。

(二)此時，我們喝著酒歡樂極了，敲著船舷唱起歌來：「桂木做的棹呀，蘭木做的

（二）於是飲酒樂甚，扣舷（ㄒㄧㄢˊ，船邊）而歌之，歌曰：「桂櫂（ㄓㄠˋ，船槳）兮蘭槳，擊空明（水中的月亮倒影）兮泝（ㄙㄨˋ，同「溯」）流光。渺渺兮予懷，望美人兮天一方。」客有吹洞簫者，倚歌而和之，其聲嗚嗚然：如怨、如慕、如泣、如訴；餘音嫋嫋（ㄋㄧㄠˇ），不絕如縷；舞幽壑之潛蛟，泣孤舟之嫠（ㄌㄧˊ，寡婦）婦。

（三）蘇子愀（ㄑㄧㄠˇ，神色改變的樣子）然，正襟危（端正）坐而問客曰：「何為其然也？」

（四）客曰：「『月明星稀，烏鵲南飛』，此非曹孟德之詩乎？（昔——豪傑）西望夏口，東望武昌；山川相繆（ㄌㄧㄠˊ，通「繚」），鬱乎蒼蒼，此非孟德之困

槳，拍擊著水中倒映的月光，逆水划行。我的情懷是如此的悠遠呀，內心思慕的人卻遠在天的另一邊。」客人當中有會吹洞簫的，和著歌聲吹奏起來，簫聲嗚咽低沉：像是幽怨，像在思慕，像是哀泣，又像在傾訴；餘音迴盪悠揚，像一縷青絲般不絕於耳；簫聲的動人，彷彿能使潛藏在幽谷中的蛟龍隨之舞動，讓獨守在孤舟中的寡婦為之涕泣。

（三）蘇子變了臉色，整理衣襟，直身端坐，問客人說：「簫聲何以如此悲傷呢？」

（四）客人回答道：「『月明星稀，烏鵲南飛』，這不是曹操的詩句嗎？向西望去是夏口，東邊望去是武昌，山水環繞，草木茂盛，這不是當年曹操被周瑜圍困的地方嗎？當曹操攻破荊州，佔領江陵，順著長江東下的時候，戰船一艘接一艘有千里之長，旗幟飄揚，遮蔽了天空，他面對著長江飲酒，橫

於周郎者乎？方（當）其破荊州，下江陵，順流而東也，舳艫（ㄓㄡˊ ㄌㄨˊ，舳，船尾。艫，船首）千里，旌（ㄐㄧㄥ）旗蔽空，釃（ㄕ，斟酒）酒臨江，橫槊（ㄕㄨㄛˋ，長矛）賦詩，固（的確）一世之雄也，而今安在哉？況吾與子（今——吾與子），漁樵於江渚（ㄓㄨˇ，沙洲）之上，侶魚蝦而友麋（ㄇㄧˊ）鹿；駕一葉之扁（ㄆㄧㄢ）舟，舉匏（ㄆㄠˊ，葫蘆酒器）樽以相屬（ㄓㄨˇ）；寄蜉蝣（朝生暮死的蟲）於天地，渺滄海之一粟（ㄙㄨˋ）。哀吾生之須臾，羨長江之無窮；挾（ㄒㄧㄚˊ）飛仙以遨遊，抱明月而長終；知不可乎驟得，託遺響（洞簫的餘音）於悲風。」

（五）蘇子曰：「客亦知夫水與月乎？逝者如斯（此），而未嘗往（未嘗變動）也；盈虛者如彼（那），而

置長矛，吟誦詩歌，實在是一世英雄啊！可是如今又在哪裡呢？何況我和您，只是在江邊沙洲上捕魚砍柴，以魚蝦作伴，和麋鹿為友，駕著一葉小舟，拿起酒杯，彼此勸飲；生命短暫得像蜉蝣寄生於天地間，個人渺小得如滄海中的一粒粟米。我為人生的短促而感傷，羨慕長江無窮無盡；幻想能隨著飛仙逍遙自在地遨遊，並伴隨明月長存。明知道這不可能在一時之間實現，只好將這悲傷愁苦的情緒化為簫聲，寄託在悲涼的秋風中。」

（五）蘇子說：「您知道江水流逝和月亮盈缺的道理嗎？江水雖然日夜不停地奔流，可是水的整體本質卻從來不曾消逝；月亮雖然也有盈虧圓缺的變化，可是它本身始終沒有任何增減啊。如果從變的角度來看，那麼天地萬物沒有片刻停止變化；如果從不變的角度來看，那麼萬物和我們的生命都是無窮無

卒（最終）莫消長也。蓋將自其變者而觀之，則天地曾（乃）不能以一瞬（短時間）；自其不變者而觀之，則物於我皆無盡也。而又何羨乎？且夫天地之間，物各有主。苟（假如）非吾之所有，雖一毫而莫取；惟江上之清風，與山間之明月，耳得之而為聲，目遇之而成色。取之無禁，用之不竭。是造物者之無盡藏（ㄗㄤˋ）也，而吾與子（你）之所共適。」

（六）客喜而笑，洗盞更（ㄓㄢˇ，小酒杯；ㄍㄥ）酌，肴核既盡，杯盤狼藉（雜亂的樣子；ㄐㄧˊ）。相與枕藉（ㄓㄣˇ ㄐㄧㄝˋ，交互相枕而臥）乎舟中，不知東方之既白。

盡的。如此說來，還有什麼值得羨慕的呢？而且天地之間，萬物各有它的主人，如果不是我應該擁有的，即使一絲一毫，也不能取用；只有那江上的清風，和山間的明月，耳朵聽到了就成為悅耳的聲音，眼睛看到了就成為動人的景色，取之不盡、享用不完。這是大自然賜給人類無窮盡的寶藏，也正是我和您所共同享受的啊。」

（六）客人聽後高興地笑了，便洗了酒杯，重新斟酒再喝，菜肴水果都已吃完了，杯盤散亂不整。我們彼此枕著頭橫躺在小船裡睡著了，不知東方天色已經泛白了。

一、閱讀下文，回答問題。

剛出世的小馬駒很快就能站起來，並尋找食物；小鴨只要一出世，就會根據本能去找水、游水。而剛剛出世的孩子，如果沒有大人的幫助，則會在幾個小時內死亡。人類的基本生存能力是從哪裡來的呢？社會學給了這個問題一個非常簡潔的答案──社會化。由於人類不具備其他動物的生物本能，就只能通過學習來獲得能力、獲得人格，使自己成為社會中的正常一員。

某些人類的行為常被誤認為是「本能」，譬如有人衝你的臉打上一拳，當然會閃躲。但在社會學和生物學中，作為一個科學概念，「本能」有非常具體的含義，主要是指受基因決定的複雜行為模式，譬如小鴨找水、小馬駒站立，都是本能行為。而這裡的閃躲，則是反射行為，不是本能；是單一的反應，不是複雜的行為模式。

人類有一些與生俱來的反射行為，而且大多與生存有關，前面提到的閃躲是為了避免傷害，嬰幼兒的吃奶是為了進食。還有許多類似的動作，都與人類的基本生存有關，譬如對溫暖、水的需求。但是，人類滿足這些基本需求的方式並不完全一致。舉例來說，飲食是人類的共同行為，但是獲得飲食滿足的方式卻千差萬別。另外，人會在行為發出之前有所思考，會選擇自己的行為方式，考慮行為後果以及對自己的利或弊，而不是像動物那樣完全憑藉生物特性，以本能發出行為。（改寫自邱澤奇《社會學是甚麼》）

下列文句，符合上文畫底線處所述情形的是：

(A) 萬物皆備於我矣。反身而誠，樂莫大焉

(B) 方今之時，臣以神遇而不以目視，官知止而神遇行

(C) 惟江上之清風，與山間之明月，耳得之而為聲，目遇之而成色

(D) 生，亦我所欲也；義，亦我所欲也；二者不可得兼，舍生而取義者也

(E) 今棄擊甕叩缶而就鄭、衛，退彈箏而取韶虞，若是者何也？快意當前，適觀而已矣

108年大學指考

（解答DE）

第四章
03

說不出口的，才最美

——袁宏道〈晚遊六橋待月記〉

/文本分析與解讀/

文本背景——賦予山水新生命的自然書寫

袁宏道的自然書寫是以新的姿態來狀擬山水、來描述遊歷的，因此，他的遊記與唐代柳宗元的遊記有著明顯的不同。柳宗元是在受到排斥與打擊，鬱鬱不得志時，把自己的生活遭遇和苦悶悲憤寄託於山水之中，所以在他遊記裡的山水，給人寂寞孤單、獨立蒼茫之感。而身處晚明個人主義勃興的袁宏道，則是在反對天理、肯定人欲的解放思想引導下，對人生、對自由有一種執著，因而其筆下的山水，則是表現自然風光的生生不息之繁榮景象，為自然界的山川河流、花草樹木，賦予一種生命之力，增加一點追求個性解放的精神力量。

袁宏道遊記的特點，可以用清新俊逸來概括，其中最主要的是「情真」。由於追求自由，縱情山水之意念極為濃厚。於是，山水在他的筆下是親切的，往往是花有人的容貌，柳有人的感情，山有人的體態，水有人的情意。袁宏道將客觀事物與主觀情感聯繫在一起，注入作者的思緒，這是他的遊記特徵之一。

以袁宗道、袁宏道、袁中道兄弟三人為代表的「公安派」，主要是向明代「前七子」、「後七子」等提倡的復古主義提出反對及異樣的觀點，「公安派」反對模擬蹈襲，要求「獨抒性靈，不拘格套」，主張從通俗文學和民間文學中汲取養料。他們所寫的散文，有鮮明的個性，風格清新俊逸，在語言的選擇上，也做到了他們所說的「寧今寧俗」，他們展示了一種新的自然山水觀，賦予山水以新生命，外在景物不僅僅是文人的移情作用之投射對象，也不再只是人類世界的附屬品。

文本分析

本文中，袁宏道明明白白述及自身對於審美的親身感受之用語有三處，分別是：白天西湖遊客如織的「艷冶」；朝日始出，夕春未下時的「濃媚」；月景的另一種「趣味」。請讀者思索「艷冶」、「濃媚」、「趣味」三者於審美情味上的之不同。

不同時段	審美感受
白天西湖遊客如織：**綠煙紅霧，彌漫二十餘里。歌吹為風，粉汗為雨，羅紈之盛**	**艷冶**
朝日始出，夕春未下時：**湖光染翠之工，山嵐設色之妙**	**濃媚**
月景尤不可言：**花態柳情，山容水意**	**趣味**

從文末可以知道作者追求的「美」是高於感官之快感的情趣之美，這種審美情感，不是一般的，而是特別的，不重複的，也因為如此，審美價值有了更深的意涵。

月下的六橋，如果僅僅停留在外在感官上的描繪，那是一般人的觀點，其性質是「俗」的；而作者特別的情趣，乃是滲透在「湖光染翠之工，山嵐設色之妙。」尤其是融入「花態柳情，山容水意。」之中，這是「雅」的，是別出心裁的。

文章最後說：「此樂留與山僧遊客受用，安可為俗士道哉！」「此樂」即指欣賞月景的「別是一種趣味」。作者著意強調此種趣味不可「為俗士道（說）哉」，更表現出了作者獨特的審美情趣。

袁宏道為明代公安派性靈文字之代表人物，〈晚遊六橋待月記〉此文又為袁氏遊記散文之代表作，明末小品大家張岱曰：「古人記山水手，太上酈道元，其次柳子厚，近時則袁中郎。」。明人山水遊記，流派紛繁，袁宏道辭官之後，做遊記之文多卷，賞自然風光之美文良多，何以唯獨此文得後世評論家之青睞？

其緣由在於本文書寫上所具備的獨到之眼及敘寫之筆，而這樣的獨到正可以呈現公安派「獨抒性靈」的文學風格。

〈晚遊六橋待月記〉於章法、觀念、脈絡等層面上的安排甚為奇特。

（一）章法安排的奇特

1. 越美的，放在文章越後端。

文章的標題「晚遊六橋待月記」讓讀者預期文章之核心當為六橋之月色或是自然景觀之美，但是開篇第一句是「西湖最盛（最美），為春為月，為朝煙，為夕嵐。」並未著墨於月景，使讀者之預期心理下降。

接著，第二段袁宏道說：「今歲春雪甚盛，梅花為寒所勒，與杏桃相次開發，尤為奇觀。」石簣屢次邀約袁宏道前往共賞梅花，但是袁宏道說當時因被「桃花所戀」，不忍離去，拒絕了邀約，其背後透露了袁宏道怎麼樣的審美價值呢？

到了第三段：「由斷橋至蘇堤一帶，綠煙紅霧，彌漫二十餘里，歌吹為風，粉汗為雨，羅紈之盛，多於堤畔之草，豔冶極矣。」以上文字歌詠日間西湖之美，但文章首先濃墨重彩寫的不是月下，而是白日的午、未、申三時之「綠煙紅霧」、「歌吹為風，粉汗為雨，羅紈之盛」，有自然風光，有人類世界的衣香鬢影。

接著，到最後一段，仍不寫月下，卻寫「朝日始出、夕舂未下」的「湖光染翠之工，山嵐設色之妙。」極其「濃媚」。最後，才表達他認為最美的月下之景。也就是說，「待月」的預期實現，作者不斷地推遲，直到最後才「出現」了實際的月景——「月景尤不可言，花態柳情，山容水意，別是一種趣味。」

2. 越美的，寫得越是簡括，越是難以言傳。

本文文字簡潔清麗，袁宏道在用筆的濃淡輕重之揀擇上，有他的匠心獨運。起先的白天之美皆用具象描寫與述說，不斷疊加，渲染至極。接著的朝日、夕陽下的湖光山色之美，袁宏道卻不用具象細節來豐富其內涵，不使用誇張語，而是以「概括語」說話。到了真正的月景，袁宏道說：「月景尤不可言，花態柳情，山容水意，別是一種趣味。」最美的「花態柳情，山容水意。」的月下別趣，僅以概括之印象，清清淡淡，予人最美的別趣，著實難以言傳之印象。

小品文大多篇幅短小精緻，〈晚遊六橋待月記〉也不例外。在多數情況下，創作者為求凸顯寫作實力或提升審美感受，往往精雕細琢字句，鋪陳詞彙，並且多數會避用重字，抽換詞面；然而在本文中，這樣的情況並不明顯。〈晚遊〉全文共一九六字，其中「盛」字就用了四次，「之」字用了六次，「為」字更是用了十一次，占全文比約5.6%（不計字義是否相同）。可見袁宏道行文並不甚在意「重字」是否會影響讀者的審美體驗，只求筆抒性情，不求字句精工。而這一點，也正好應了公安派文學的核心理念——獨抒性靈，不拘格套。

（二）文意脈絡奇特

袁宏道的「晚遊六橋待月記」是一篇展現個人獨特審美情趣的作品，正與晚明「公安派」小品重視個人心志發抒的文風相關聯。題目的意思應該是晚上遊覽六橋等待月色的紀錄，但細索全文，不難發現題目與內容並非完全關聯。文章起始先點明西湖美景之最「西湖最盛，為春為月。一日之盛，為朝煙，為夕嵐。」然後說那年晚開的冬梅與春天的桃杏一齊綻放，造成了奇觀，許多人爭相觀賞，然而作者當時為桃花所迷戀，並沒有同遊賞花，此處流露作者自己獨特的審美觀。

到了第三段，筆鋒一轉，作者說明西湖遊客如織的景象「綠煙紅霧，瀰漫二十餘里。歌吹為風，粉汗為雨，羅紈之盛，多於堤畔之草，豔冶極矣。」最後一段說明多數遊客遊覽西湖的時間並不是西湖展現真正美景的時刻，袁宏道以為西湖美麗的時刻是：「其實湖光染翠之工，山嵐設色之妙，皆在朝日始出，夕舂未下，始極其濃媚。」此句正好呼應首段的「一日之盛，為朝煙，為夕嵐。」並且「月景尤不可言，花態柳情，山容水意，別是一種趣味。」又呼應了「西湖最盛，為春為月。」藉由前後文意的對照，我們可歸納出袁宏道的獨特審美情趣及品味：他以為西湖之美是在春天的月夜，而一日之中又以早晨及傍晚的景色最動人。

因此，本文可視為袁宏道對於西湖勝景的審美價值觀，不過，它與題目「晚遊六橋待月記」連結來看，其實，有些文不對題，而公安派的獨特文學觀點於此可見一斑。

文章題目為「待月」，全文卻無一待字，其實「待」字盡在文章的情感脈絡之中，脈絡的第一階段為「桃花所戀」，以為這是「奇觀」了，遂不忍離去。第二階段是到了西湖，又為「綠煙紅霧」、「歌吹為風，粉汗為雨。」所動容，驚嘆其「豔冶極矣」，此處給人美到極點，難以為繼之感。第三階段，再推出朝日、夕陽下的西湖，才是真正是湖光山色之妙處，不過，這還不是讀者所期待的月下六橋之景。

第四階段，作者於文末將盡處才推出「山容水意」的月下別趣，讀者期待中的高潮於此開始，又隨即戛然而止，留給讀者對此妙不可言之別趣的無限懸想與心理期待。作者正是通過這樣的逐層烘托與推進，巧妙地顯現了令人神往的月景之妙。最後的月景（花態柳情，山容水意，別是一種趣味）寥寥幾筆，又留給讀者充分高蹈的想像，可見文章雖無「待」字，卻處處隱含「待月」之情。

並且，文章的濃墨重彩之筆不是寫月下之景，而是寫午、未、申三時（亦即上午十一時到下午五時）的湖光山色及遊客如織，此處極盡渲染之能事（詳寫）：「由斷

橋至蘇堤一帶，綠煙紅霧，彌漫二十餘里。歌吹為風，粉汗為雨，羅紈之盛，多於堤畔之草，豔冶極矣。」

並且，袁宏道所用之詞語，如「綠煙紅霧」、「歌吹為風，粉汗為雨，羅紈之盛」等等，舉凡色彩、聲音、視覺皆有之，正如作者所言是「豔冶極矣！」

但是，到了朝日始出及夕陽西下之時，「湖光染翠」如何之「工」，「山嵐設色」如何之「妙」，作者並未直接正面以具象敘述，只說「極其濃媚」。

袁弘道強調性靈，其性乃在高，其靈乃在雅。其文之高雅乃在於文意脈絡的從容遞升，從不甚雅趣的戀桃，到感官上領受的綠煙紅霧，再轉到感官不甚強烈的「山嵐之妙」，進而推向高雅的「山容水意」之趣，這一路迤邐的情趣之遞嬗，不作誇張語，卻戛然而止，留給讀者對妙不可言之月景，有各自的想像空間與審美判斷。此文之奇正在於文章脈絡之層次。輕重與濃淡、形而上與形而下，這中間的取捨，是作者獨到審美價值之呈現。**袁宏道不重視景觀之視聽，更在意體悟之過程，全文脈絡之核心都在值得「等待」之從容中構成雅潔之品味。**

（三）審美觀念的奇特

袁宏道所追求的美感，是高於外在感官快意的一種情趣之美。他以為文章的奇妙不在可見、可聞之視聽感官，而在心意體悟之傳遞過程，是在「別是一種趣味」的從容中逐漸傳遞的。讀者可以從文章的前後脈絡裡覺知作者企圖呈現的是：感官之美的從容遞減；高雅之美的從容遞升。

本文直到最後，才寫到袁宏道所認為最美的月下之景，換句話說，「待月」的預期實現，不斷推遲，直到最後才「落地」。但，最後直接寫到月色中六橋之美的，也只有這麼幾句：「月景尤不可言，花態柳情，山容水意，別是一種趣味。」此處本應是文章之主要精神所在，但是與前面段落相比，既無具象之疊加，亦無視覺、聽覺等細節之描寫，更無空間之廣闊，全為概括之印象，不像是「描寫」，倒像是「敘述」，使讀者困惑，不過，這正是袁宏道以淡筆為重彩之功，筆力不凡。

從理論上說，鮮明的快感不一定是美感，獨特的美感往往是特殊的、高雅的、心領神會的，它絕非語言所能窮盡的。

從這裡，細心的讀者可以感到，文章之妙，不在色彩濃豔的風景或是熱鬧的人聲歌吹。全文不是在進行旅遊空間的展示，而是審美趣味的遞進。於是，脈絡之曲折變化，正是美感衍生之所由。

本文的美感之美，不是一般的趣味，而是獨特的趣味。這種趣味「安可為俗士道哉！」這「趣味」是與「俗」相對的，也非一般人所能夠領略的。只有超脫凡俗的僧人和真正領略山水情趣的雅士才能領略，這種情趣的脈絡，不在感官的色彩和聲音的華美上進行量體的增加。因為，如此的增加，從性質上而言，僅為感官的快感，而非美感的養成。

有論者曰，文章題目為「待月」，卻無一待字。其實待字盡在文章的情感脈絡之中。月下的六橋，如果僅僅停留在外在感官的強烈上，那是一般人的，其性質是「俗」的，而作者特別的情趣，乃是滲透在「湖光染翠之工，山嵐設色之妙。」尤其是「花態柳情，山容水意。」之中，其特點是：感官上不強烈，感覺上不是一望而知的，而是可以意會，難以言傳的。這種趣味才是高雅的。

／閱讀思辨／

一、文章題為「待月」，全文卻無一「待」字，文章也是到結尾才寥寥幾筆寫到月下之景，這樣的寫法是否文不對題？

二、午未申三時的西湖之景、朝日夕陽下的湖光山色、月下的西湖，請問此三處寫景有什麼不同之處？

三、文章最後說：「此樂留與山僧遊客受用，安可為俗士道哉！」你是如何理解這句話的？

／跨域思維／

「怪美的」藝術家——獨抒性靈的審美

知名歌手蔡依林有一首歌〈怪美的〉，它有句歌詞是這樣的：「審美的世界，誰有膽說那麼絕對？」這是蔡依林在歌曲中想傳達的。為了符合大眾審美，我們至今有過多少次的隨波逐流？當我們試圖拼命抵抗「主流審美」時，是否又陷入另一種「為抵抗而抵抗」的狀態，甚至是「自命不凡」或「孤芳自賞」呢？袁宏道對於「主流」和「非主流」，倒是別有一番見解。他沒有在這之間做出取捨，亦沒有試圖將兩者平衡。他遵從本心，做自己喜歡的，欣賞自己所愛的，活得灑脫自在，將「獨抒性靈，不拘格套」發揮得淋漓盡致。文人雅士愛梅之高潔，鄙桃之輕薄。但袁宏道偏說：「余時為桃花所戀，不忍去湖上。」

除了桃花綻放的美景，袁宏道也十分享受在遊客如織中，當個稱職的觀察者。「歌吹為風，粉汗為雨，羅紈之盛，多於堤畔之草，豔冶極矣！」他樂於觀察人來人往的景象，欣賞盛裝打扮的女子。這也是公安派所追求的「真」、「俗」、「趣」。春景和人景，都值得去欣賞，都可以抓住他的眼球。袁宏道的心中自有一把美的評斷尺，但同時也能欣賞別人所認同的美，並品出另一番滋味。這就他厲害的地方。既能細品月景的靜謐，亦能在繁華市井中體會生活的美好。袁宏道所認為的美，是無所不在的。不用端著架子，也不用故作姿態。可以是眾所公認，也可以是自己從平凡中挖掘出的寶藏。

因此，「獨抒性靈」並不在於行為有多麼與眾不同。換言之，獨特並不等於獨抒性靈。不論是清晨、黃昏、夜晚去賞景，其實都是一樣的。獨抒性靈展現出的是最真實、純粹的一面，是懂得用「心」去欣賞。不是一味的從眾，亦非自認為獨特。

（創意共享：彰化師大國文系陳柏甫、陳映羽、許琨婉）

文本閱讀

【原文】

（一）西湖最盛，為春為月。一日之盛，為朝煙，為夕嵐。

（二）今歲春雪甚盛，梅花為（被）寒所勒（束縛抑制），與杏桃相次（相繼）開發，尤為奇觀。石簣數（ㄕㄨㄛˋ，屢次）為余言：「傅金吾園中梅，張功甫玉照堂故物也，急往觀之。」余時為桃花所戀，竟不忍去（離開）湖上。

【翻譯】

（一）西湖景色最美的時候是在春天，是在月夜。而一天之中景色最棒的時刻，就是早晨的煙霧，還有傍晚的山嵐。

（二）今年春天，雪下得很多，梅花因為受到寒氣的抑制，延遲到與杏花、桃花相繼開放，形成奇特的景觀。石簣屢次跟我說：「傅金吾園裡的梅花，是宋代張功甫玉照堂中舊有的古梅，我們應該趕快去觀賞。」我當時正被桃花的美景所迷戀，竟然捨不得離開湖上。

（三）從斷橋到蘇堤一帶，草木綠意盎然連生如煙，而繁花似錦宛如一片紅霧，綿延

(三)由斷橋至蘇堤一帶，綠煙紅霧，瀰漫二十餘里。歌吹（ㄔㄨㄟˋ，吹奏聲）為風，粉汗為雨，羅紈（借指遊客）之盛，多於堤畔之草，艷冶極矣。

(四)然杭人遊湖，止午、未、申三時。其實湖光染翠之工，山嵐設色之妙，皆在朝日始出，夕舂（ㄔㄨㄥ，夕陽）未下，始極其濃媚。月景尤不可言，花態柳情，山容水意，別是一種趣味。此樂留與山僧遊客受用，安可（豈能）為俗士道（說）哉！

二十里遠。遊客的歌聲、吹奏的樂音，像風一般地陣陣傳來，仕女們的粉汗，如雨一般滴落，穿著華麗的遊客，比堤岸上的青草還要多，景況真是艷麗到了極點。

(四)然而杭州人遊覽西湖，只在上午十一時至下午五時這段時間。其實，湖面倒映綠樹的精巧，山氣呈現幻化的色彩，都在早晨太陽剛升起，以及傍晚夕陽即將西下之時，最為濃艷嫵媚。月光下的景色，尤其美得無法形容，那花朵的姿態、柳樹的風情、山的容貌、水的情意，又是另一種特別的趣味。這種樂趣只能留給山中僧侶與遊客們享用，怎能向俗人說明白呢！

歷屆考題

一、依據下文，關於「被動句」的敘述，適當的是：

現代漢語的被動句，常以「被」加在動詞前，如「被騙」；或是用「被」把施動者（動作的發出者）引出加於動詞前，如「被人騙」。文言的被動句，可將「見」加在動詞前，如〈漁父〉：「是以見放」；也可用「於」引出施動者，如〈赤壁賦〉：「此非孟德之困於周郎者乎」；也可「見」和「於」兼用，如「蔡澤見逐於趙」，意謂蔡澤被趙國趕走。可見，「見」在動詞前只能表被動，若要引出施動者，動詞之後還需有「於」。此外，也可用「為」引出施動者後，再加上動詞，如「為天下笑」；或是將施動者省略，如「使身死而為刑戮」；也可「為」和「所」合成表被動，如〈晚遊六橋待月記〉：「余時為桃花所戀，竟不忍去湖上」。這種「為……所」式，也可將「為」後的施動者省略，如〈鴻門宴〉：「若屬皆且為所虜」。

(A) 用「被」表被動，施動者的位置無論在動詞前或後皆可
(B)「見」和「為」表被動，都可直接將施動者加在動詞前
(C) 文言被動如施動者出現在動詞後，可以用「於」字引出
(D)「為」後的施動者若省略，只能出現在「為……所」式
(E)「為」和「被」出現在被動句，施動者可出現也可省略

107年大學指考

（解答CE）

第五章

我的生長、我的土地

第五章
01

不要再打了，因爲我們是兄弟！

——鄭用錫〈勸和論〉

／文本分析與解讀／

文本背景——「仙拚仙，拚死猴齊天」的時代

〈勸和論〉一文，作為經典古文中的臺灣文學代表之一，它的時代意義是強大的。作者會寫出「勸和」一文，起因於當時人民「彼此不和睦」，有所爭執，作者希望社會和睦，乃作此文。而人們發生不合的緣由肇因於「分類械鬥」。「分類」，是臺灣當時社會文化語境裡的專有名詞。臺灣早期的開發者，多來自福建的漳、泉和廣東的潮、惠一帶。這些移民出於生存互助、合作開發的需要，自然形成不同的族群。但這種族群，

不以宗族血緣，也不以現居鄉邑，更不以行業階層為聚，而是藉由原籍地緣（甚至方言）的關係，以「氣類」而聚合。所謂「氣類」，典故出於《易經・乾卦・文言》：「**同聲相應，同氣相求……則各從其類也。**」各地移民，將原籍地的某些傳統風俗帶到臺灣，各自形成某種族群性格。這種「分類」，既有利於內部團結合作，卻也容易造成彼此隔閡對立，遇到矛盾摩擦，便導致暴力械鬥。

從康熙末到光緒中，臺灣發生了數十起械鬥事件，以北部居多，規模有大有小，咸豐時達到巔峰，同治、光緒年後逐漸消弭。在臺任職的官員，在上呈給朝廷的奏摺中，稱這種械鬥為「分類械鬥」，「分類械鬥」一詞後逐漸成為官方文件中的專稱。而「分類」實為導致當時臺灣社會這些大小械鬥的主因。

我們常聽到一些臺灣俗諺：如：「仙拚仙，拚死猴齊天」、「有唐山公，無唐山媽」、「一個某，恰贏三個天公祖」，這些俗諺的成因都是和械鬥有關。首先，所謂「分類械鬥」，是清代官方文件中用來專指發生在臺灣的人民聚眾以武器相互鬥毆的事件，而在民間則稱之為「拼」。學者廖風德將這些械鬥以其「分類」之不同，分為七種：異省（如閩粵械鬥）、異府（如同為閩省的漳泉二府械鬥）、異縣（如同為泉州府的三邑與同安各縣械鬥）、異姓、同業、不同樂派、不同村落等。

〈勸和論〉一文和咸豐年間在臺灣北部所發生的嚴重械鬥事件——「頂下郊拚」有關。「郊」是清領時期臺灣對商業公會組織的稱呼。所謂「頂郊」，是指居住在艋舺地區之福建泉州府晉江、惠安、南安三縣的移民（合稱「三邑人」）商會。這些人以龍山寺為中心聚居，掌握商業大權。而「下郊」，係指福建泉州府同安縣來臺的移民商會，這群人主要居住在艋舺之八甲莊（今臺北市萬華區老松國小附近）。三邑人開發艋舺比較早，人口數也較多，占據了碼頭與艋舺龍山寺等地利之處；而同安人所組成的「下郊」也希望爭取碼頭的利益，於是，雙方多所衝突。這種械鬥的背後動機，不再是原鄉意識，也不再是身分認同，許多時候是彼此間的利害衝突，特別是「商業利益」之間的衝突。咸豐三年（一八五三年），因為淡水河碼頭的工作人員發生口角，遂引起頂郊、下郊「同府異縣」間之械鬥，這是有名的「頂下郊拚」事件。

後來，鄭用錫與陳維英等臺北鄉紳共同主持「頂下郊拚」的善後議和事宜（一八五四年），據悉，〈勸和論〉一文大約寫在此時。

文本分析

鄭用錫的文章一開頭，起興感嘆之筆，以召喚情感的方式，引起觀者或讀者之共鳴，這是安定人心及招徠共鳴之法：「甚矣！人心之變也，自分類始。」開宗明義地說，械鬥之根源在於人心之「變」，而「變」，始於「分類」。所謂「分類」，即如姚瑩所說：「臺灣之民，不以族分，而以府為氣類。漳人黨漳，泉人黨泉，粵人黨粵，潮雖粵而亦黨漳。」這種分類、對立（「變」），最初起於「匪徒」之禍亂，而後聲勢如烈火燎原，最終導致玉石俱焚，就是君子也不免為「朋從」所「牽制」而盲目捲入。

（一）兄弟互打，與自殘無異

本文文章脈絡，首段先從正面起筆，第二段則是反面承接，提出本來「分」是有必要的：「夫人與禽各為一類，邪與正各為一類，此不可不分。」人與禽，邪與正，不可不分，不可混淆，這是「分」的必然。但是人與人之間要如此「分」嗎？這部分，作者承前所述，他採「反接」之筆，說道：人與人之間，有正邪之「異」，但是也有「相同」之處。「人之同」，正是作者此文論述的立基點之所在，因為有這麼多人群之間相濡以沫、相呴以濕的「同」，因此，同胞們自是不該「分類」。同胞「同此血氣」、「同此官骸」、「同為國家之良民」、「同為鄉閭之善人」，彼此之間「無分土」，「無分民」，於是，不該群分類聚，不當以族群、地域來劃分敵友。就論述而言，上述論證過程可能還不是很充分完整。若大家都是良民，都是善人，沒有壞人，應當沒有械鬥，但問題正是他們彼此認為對方是不良、不善之人，才不惜以血肉相搏而有諸多械鬥產生。

然後，作者以經典的話語來支持其論點：「子夏所言『四海皆兄弟』。」這句話很像《水滸傳》第七十一回：「梁山英雄聚義：『八方共域，異姓一家』。」所以，作者以兄弟相稱，召喚情感，這樣就使械鬥者容易接受。不過，作者顯然意識到，以「勸和論」的「勸」字之目的而言，憑藉名言佳句的臚列，還不足以成為強而有力的力量。要說服持相反觀念者，還要有更多方面的論據。於是，鄭用錫乃引古聖言「地則同鄉共井，行則出入相友。」並從字源及字義上分析：「『友』從兩手（小篆「」），象形，兩手相加）、『朋』字從兩肉。」意謂骨肉相親。接著，鄭用錫總結「是朋友如一身左右手，即吾身之肉也。」就學術而言，作者關於「朋友」兩字的解析及詮釋，不盡然符合科學性，但從文章的論述而言，由於「朋友」二字緊密的平等結構，如此表述，瑕不掩瑜，並未妨礙其繼續推論的前提。既然友朋是骨肉相連的，械鬥就成為「自戕其手，自噬其肉。」之舉，自戕、自噬顯而易見是荒唐的；接著把古代字源納入作者的感性體驗：「今試執塗人而語之曰：『爾其自戕爾手，爾其自噬爾肉』，鮮不拂然而怒。」這就說明了，械鬥表面上是殺傷對方，實際上則是自殺自傷。從論證方法來說，此種方法並非直接批駁對方的錯誤，而是將對方引入顯而易見的荒謬境地：以常識觀之，「爾其自戕爾手，爾其自噬爾肉。」本當是「拂然而怒」的事，因此，骨肉手足之親的眾人何以堂而皇之地群起相鬥呢？如此之事便顯得荒謬而引人深思了。

（二）人人都是朋友，為什麼要分你我？

第三段開始對族群分類、群體械鬥的現象進行分析。

臺為五方雜處，林逆倡亂以來，有分為「閩、粵」焉，有分「漳、泉」焉。閩、粵以其異省也，漳、泉以其異府也……。同居一府，猶同室之兄弟，至親也，乃以同室而操戈……。

「異省」、「異府」這是事實。但是，這段在講述「異」時，又不斷提及「同」。如：「同自內地播遷而來」、「同為臺人」、「同居一府，猶同室之兄弟。」承認「異」的同時，必須聯繫到「同」，從異到同，從反面到正面。文章提及，同胞之間若是強調異省、異府之畛域，已經屬於「王法所在必誅」；接著又說「矧同為一府，而亦有秦、越之異，是變本加厲，非奇而又奇者哉？」。此處的論證，作者採層次性的比較。鄭用錫於文中先列出前提：「同自內地播遷而來，則同為臺人而已。」但是，同為臺人，分類上卻有日趨嚴重之勢，於是，作者有下列之語：「今以異省、異府，若分畛域，王法在所必誅。矧同為一府，而亦有秦、越之異，是變本加厲，非奇而又奇者哉？」

分類的內容	分類的樣態與罪責
今以異省、異府、若分畛域	王法所在必誅
何況同為一府，而亦有秦、越之異	變本加厲，非奇而又奇者

不過，在上述兩句略帶「苛責」的詞語之後，接下去，作者卻放寬了語氣，不從國法上說，不從危害上說，只說同胞如此的分類械鬥之舉是「非奇而又奇者哉」。作者不用狠話刺激對方，只是說自己非常不能理解，這是一種委婉同理之姿，也為對方想像留下餘地。鄭用錫雖然不在道理上把對方推向極度對立的死角。但是，在情感上，把自己說成極端難以理解：同胞手足何以如此殘殺，為文之巧妙，於細微處見精神。

以上文字從理論到實際，具體闡明「分類」之害，是從否定性方面著筆。

接下來，文章脈絡轉入一個新的層次，文章的「轉」筆，從此處開始。所謂「不當如此」的反面，就是「應當如何」。鄭用錫接著正面立論：**作為人，第一，當親其所親，第二，更當親其所疏**。「同居一府，猶同室之兄弟，至親也。乃以同室而操戈，更安能由親及疏，而親隔府之漳人、親隔省之粵人乎？」此處，作者說若不能親至親而同室操戈，更遑論由親及疏去親愛鄰府、鄰省之兄弟了。此論正與前之「四海之內皆兄弟」之語互相呼應。若能親其親，更能親其疏；不能親其親，則談不上親其疏，語意前後邏輯的銜接上非常順暢。

（三）麥擱打啊，才能有內患不生、外禍不至的樂土

原本漳、泉、閩、粵人，承「敦古」之風習，使淡水成為「菁華所聚」，人傑地靈，他人一向「嘖嘖稱羨」。可，如今「干戈之禍愈烈，村市半成邱墟。」這個慘烈後果是從何而來？是為了原籍故鄉漳、泉、閩、粵之同胞造福而產生的嗎？「無有也」。原因不在外，而在內，純粹是因為「分類」所致，是意氣用事之舉。這就呼應文章開宗明義所說的人心之「變」，自「分類」始。「孽由自作，釁起鬩牆，大抵在非漳泉、非閩粵間耳。」漳泉、閩粵之間互相否定，互相敵視，實屬兄弟鬩牆，這實在有悖淡水敦厚樸實的古風。

承上所言，原因既然找到了，解決之道，一般是勸戒教化，循循善誘，教導漳泉閩粵之人，回歸先人之敦古之風，視鄰省鄰府為兄弟骨肉。如果這樣寫，也未嘗不可，但，如此教條式的宣導，到底有多少收效呢？於是，作者沒有採這樣的論述，而是引出一個哲學命題：「自來物窮必變，慘極知悔。」

物窮必變，出自《周易．繫辭下》：「窮則變，變則通」，這裡的「窮」是指極端之意，任何事情，走到底了，已經無以復加，此時，就會往相反方面轉化了。這也

是「否極泰來」之意，逆境達到極點，就會向順境轉化；壞運到了盡頭，好運就來了。人心的變化亦同：「慘極知悔」，面對劇烈慘痛的後果，自然就知道悔悟了。文章輕輕帶過械鬥之慘烈，點到為止。接著，轉而展望未來。「天地有好生之德」語出自《尚書．大禹謨》，這是經典之句，無法質疑，然後，作者自構一對句「人心無不轉之時」，透過對稱結構嚴密之句，來加強論述的力度。

寫到這裡，題旨已經達到經典的哲學高度，但是，作者立意不以居高臨下為務，不採俯瞰百姓及萬物之姿；而是以平民視角，平視與觀照。故文章結尾，為自謙，稱己不在權位，不能直接竭誠化導，無挽狂瀾（力挽而更張）之力；但是，作為四民（士農工商）之首的責任，自感慚愧，願貢獻一己之力。此處以非常卑謙的姿態，提出非常殷切的希望，這不是教導，而是希望，用語不重，但是用了相當濃重的筆墨。一連用了四個對句：

第一個對句：父誡其子，兄告其弟；

第二個對句：各革面，各洗心；

第三個對句：勿懷夙忿，勿蹈前愆；

第四個對句：既親其所親，亦親其所疏（一體同仁）

如能做到這樣，則「內患不生，外禍不至。」分類劃群、自相殘殺的意氣「默消於無群」。這樣人與人之間，心靈相通，如：「人身血脈，節節相通。」不用數年「仍成樂土，豈不休哉！」

作者對自相殘殺雖是悲憤的，但他的理想樂觀，姿態卑謙。此文讀來平易親切，不過，全文之文化底蘊卻很深厚。作者精準駕馭文白語言，直指人心，其中許多經典語句，信筆捻來。大家都知道械鬥對誰都沒好處，一時衝動之下，只會導致兩敗俱傷，玉石俱焚，如何透過理性思考來避免此事。鄭用錫希望鄉里父兄共同告誡自家子弟不要參與亂事，希望透過家族的控制力來避免械鬥。

／閱讀思辨／

一、「閩客械鬥」於清代是重要的民間社會現象，究其因，是以祖籍分類的各群體間之「分類械鬥」。而分類之因是：人心之「變」；是因為不認同與自己「相異」之人。人與禽，邪與正，不可不分，不可混淆，這是「分」的必然，因為相「異」。但是，人與人之間同為人類，需要如此「分」嗎？人與人之間，固然有「異」，卻也有「相同」之處。所以，不該「分類」，更不該械鬥。

在「異」與「同」之縫隙中蠢動著，正是導致「分類」的主因。於是，閱讀理解〈勸和論〉一文時，除了明白作者希望達到族群「和諧」的宗旨外，請你更進一步分析，作者是如何「勸」（方法，How）？作者又以什麼論據來勸呢（證據，What），請填在下方表格中。另外，「勸和」一事得以成功收效的真正原因是什麼？

勸和之方法	
勸和的論據	

二、請思考一下，〈勸和論〉一文中「變」、「異」、「同」、「分類」等關鍵字於文章上所起的作用是什麼呢？

／跨域思維／

多元文化的課題

械鬥之後沒有贏家，大家都是受害者。清領時期，臺灣族群的長期械鬥，使得各族群之分布區域重整了，也確定和加強了當時臺灣的傳統聚落形式。西元一七八二年左右的彰化嘉義漳泉械鬥之後，人們開始搬到自己祖籍成員較多的地域居住。例如：當時人數較少的客家人，械鬥一事讓他們群居於新竹、桃園一帶。

從經濟的角度看，北部（新竹以北）在西元一八六〇年以後械鬥次數相對減少，或與仕紳家族之間的彼此制衡、開港通商所帶來的財富有關。獲得許多功名財富的仕紳家族不希望社會動盪，所以，一旦有風吹草動之訊息，都會設法防止。當時的仕紳家族之間，彼此牽制又互不侵犯，這也是械鬥減少的原因。

從歷史走到現在，早起的分類械鬥現象不復見，而在當代臺灣社會，有新的群族融和現象，便是外籍人士透過婚姻關係，成為臺灣的新住民。他們為臺灣注入新的文化元素，不過，在融入社會的過程中，可能面臨語言、文化、價值觀、教養方式等差異，於是，他們必須克服種種困難，方能落地生根。請問你如何看待新移民進入臺灣社會這一個現象？他們在融入臺灣社會的過程中，遇到哪些難題？而他們自身又有什麼優勢可以融入這個社會？

（創意共享：彰化師大國文系廖御全、郭宇軒）

文本閱讀

【原文】

(一)甚矣！人心之變也，自分類始。而其禍倡於匪徒，後遂燎原莫遏，玉石俱焚，雖正人君子亦受其牽制，而或朋從之也。

分類：將人區分為不同類別而敵視
遏：ㄜˋ，抑止
朋從：結黨跟從

(二)夫人與禽各為一類，邪與正各為一類，此不可不分。乃同此血氣，同此官骸，同為國家之良民，同為鄉閭之善人，無分土，無分民，即子夏所言「四海皆兄弟」是也，況當共處一隅？揆諸「出入相友」之

揆：揣測、審度，動詞

【翻譯】

(一)人心的變壞，已經很嚴重了，這都是從「分類」開始的。這個禍害由暴亂之徒最先倡導，然後如烈火延燒原野不可阻止，好人壞人全都淪落變壞。即使正人君子，也受到牽連制約而相類跟從的。

(二)人類與禽獸各為一類，邪惡與正直各為一類，這是不能不區分的。可是同是這樣的血氣，同是這樣的形體，同是鄉里中的良民，不分什麼地方，也不分何種人民，就是子夏所說的「天下所有人都親如兄弟」之意，更何況大家都共同處在一個角落中呢！揣測所謂「出入相友」的意思，就是古代聖賢所期望那樣，同鄉同里的人

義，即古聖賢所謂「同鄉共井」者也。在字義，「友」從兩手，「朋」從兩肉，是朋友如一身左右手，即吾身之肉也。今試執塗人（路人，塗，通「途」）而語（ㄩˋ）之曰：「爾其自戕（殘害，動詞）爾手！爾其自噬（ㄕˋ，咬）爾肉！」鮮不拂然（憤怒的樣子）而怒，何今分類至於此極耶？

(三)顧分類之害，甚於臺灣，臺屬尤甚於淡之新、艋。臺為五方雜處，自林逆倡亂以來，有分為閩、粵焉，有分為漳、泉焉。閩、粵以（因）其異省也，漳、泉以（因）其異府也。然同自內地播遷而來，則同為臺人而已。今以異省、異府，若分畛域，王法在所必誅。

們，各自恪盡友善之道，不要互相殘害。從文字意義上說，「友」字是兩個「手」，「朋」字是兩個「肉」，就是說朋友好比同一身體的左右手，就是自己身上的肉。如果試著攔住路人而對他說：「你自殘你的手吧！你自咬你的肉吧！」很少有人不會勃然大怒的，可為何如今分類械鬥發展到如此嚴重呢？

(三)然而分類械鬥的危害，沒有比臺灣更大了；要消解，沒有比淡水的新莊、艋舺更難了。臺灣是各方人民雜居之處，自從林爽文領頭造反以來，有的以福建、廣東分類，有的以漳州、泉州分類。福建、廣東以其不同省，漳州、泉州以其不同府。但同樣都是從大陸遷移過來，就同樣都是臺灣人了。如果以不同省籍不同府籍強分界限，必定要受到王法的嚴厲懲罰。更何況同一個府籍，還又分出有如古矧（ㄕㄣˇ，況且）更同為一府，而亦有秦、越之異！是變本加厲，非奇而又奇者哉？夫人未有不親其所親，而能親其所疏。同居一府，猶同室之兄弟，至親也，乃以同室而操戈，更安（豈）能由親及疏，而親隔府之漳人、親隔省之粵人乎？

(四)淡屬素敦古處，新、艋尤為菁華所聚之區，遊斯土者，嘖（ㄗㄜˊ）嘖稱羨。自分類興，而元氣剝削殆（幾乎）盡，未有如去年之甚也，干戈之禍愈烈，村市半成邱墟（荒野廢墟）。問為（因為）漳、泉而至此乎？無有也；問為閩、粵而至此乎？無有也。蓋孽由自作，釁（ㄒㄧㄣˋ，禍患）起鬩牆（ㄒㄧˋ ㄑㄧㄤˊ，兄弟相爭），

代秦國、越國那樣的隔閡，如此變本加厲，豈不是奇怪又奇怪的嗎？沒有人不親近關係親近的卻能親近關係疏遠的。同住一個府，就猶如同住一家的兄弟，是最親的，而竟然一家之親持刀相鬥，又怎麼可能由親到疏，去親近不同府的漳州人、親近不同省的廣東人呢？

(四)淡水屬地素來是民風敦厚古樸之處，新莊、艋舺尤其是人文薈萃之區，遊覽此地的人們，都嘖嘖讚歎傾慕不已。自從分類械鬥之風興起，社會生機活力幾乎全被剝蝕，從來沒有像去年那樣嚴重。戰亂的禍害愈演愈烈，鄉村城邑多半成了荒野廢墟。請問這是為了漳州和泉州而造成的嗎？不是的。請問這是為了福建和廣東而造成的嗎？不是的。罪孽都是由自己造成，禍害都是內鬥引起，大體都是發生在漳州人與泉州人，或福建人與廣東人互相

大抵在非漳泉、非閩粵間耳。

（五）自來物窮必變，慘極知悔，天地有好生之德，人心無不轉之時。予生長是邦，自念士為四民之首，不能與當軸（當權者）及在事（主其事的官員）諸公竭誠化導，力挽而更張（變革、改革）之，滋愧實甚！願今以後，父誡其子、兄告其弟，各革面、各洗心，勿懷夙忿（ㄙㄨˋ ㄈㄣˋ）、勿蹈（因循）前愆（ㄑㄧㄢ，過失），既親其所親，亦親其所疏，一體同仁。斯內患不生、外禍不至，漳泉、閩粵之氣習，默消於無形。譬如人身血脈，節節相通，自無他病；數年以後，仍成樂土，豈不休（美善）哉！

詆毀怨恨之中。

（五）歷來事物發展到盡頭就必然發生變化，慘痛到了極點就要懂得悔悟。天地有愛惜生命的美德，人心沒有不肯轉變的時候。我生長在這個國度，心想作為讀書人位居四民之首，卻不能與當權的政要和主持此事的諸位大人一起，竭誠教化引導，努力挽回和改變這個局面，實在是十分慚愧。但願從今以後，父親告誡兒子，兄長告誡小弟，人人各自洗心革面，不要心懷舊恨，不要重犯舊錯。既親近關係親近的，也親近關係疏遠的，一視同仁，這樣既不會發生內患，也不會招致外禍，讓以漳泉閩粵等籍分類械鬥的習氣，在無形中默默消除。就好比人身體上的血脈，每節每處都能相通，自然就不會另外生出毛病來；數年之後這裡依然是一片樂土，豈不美妙幸福！

第五章
02

滄海桑田，比荒涼更荒涼

——洪繻〈鹿港乘桴記〉

／文本分析與解讀／

文本背景——滄海桑田變換中的鹿港

鹿港於清朝，受官府指定為臺灣對渡中國大陸內地的正港（官方口岸）之一。康熙二十三年（一六八四年），清廷將臺灣納入版圖之後，運用特許航線的規劃，讓臺灣與中國大陸進行交通往來，這就是所謂的「對渡」港口。由於鹿港對渡泉州府晉江縣蚶江港，吸引大量大陸仕紳家族於此通商和定居，這也是鹿港漢學文風鼎盛的原因之一。

鹿港在清領時期曾是臺灣最大的港口，因商業的發展而繁榮，後來因為其他港口開港，西部沿海泥沙淤積，導致河道淤塞道光三十年（一八五〇年），鹿港終於被泥沙埋塞，船隻無法進出，優勢逐漸被淡水取代。加上日治時期臺灣興建縱貫鐵路，火車逐漸成為當時交通主力之一，鹿港港口優勢走向衰微，經濟也隨之發展停滯，清代末年，鹿港的港口經濟機能已經沒落不少。

進入〈鹿港乘桴記〉文本的正式解讀之前，除了前揭關於鹿港的背景建構之外，關於作者洪繻的寫作手法及寫作風格的理解，亦能協助讀者閱讀及鑑賞本文時，有所依循。洪繻作品風格多樣，類型眾多，詩賦、古文辭、序跋、策論皆有。而在各式文類中，洪繻擅長使用「議論」筆法，寄寓個人對於國家、社會、經濟、民生……等議題之觀點。〈鹿港乘桴記〉全文是以昔盛今衰為主軸，描繪鹿港在歷史洪流中、地理遷革裡的變幻與沉浮。

文本分析

（一）駢散間用、取法名家作品

首段，鹿港既名之為「港」，藉由港口所帶來的經濟商業之茂，是鹿港興盛之所由，因此，本文以「地理空間」來對比今昔的鹿港。並且，於首段以概論之筆說鹿港今昔之興與衰。

1. 昔之鹿港：昌盛。

港口繁榮、航運發達：一水通津，出海之涘，估帆葉葉，潮汐下上，去來如龍，貨舶相望；而店前可以驅車、店後可以繫榜者，昔之鹿港者。

商業興盛、街道沸騰：樓閣萬家，街衢對峙，有亭翼然。亙二、三里，直如弦、平如砥，暑行不汗身、雨行不濡履。

2. 今之鹿港：蕭條。

市井風貌：人煙猶是，而蕭條矣；邑里猶是，而泬寥矣。

港口樣態：海天蒼蒼、海水茫茫，去之五里，涸為鹽場，萬瓦如甃、長隄如隍，無懋遷、無利涉；望之黯然可傷者，今之鹿港也。

洪繻於文中，駢句及散句間雜使用，使文氣生動宛然，並豐富多姿。此外，洪繻巧妙借用宋朝歐陽修散文中的句式，可見作者自身古文造詣之厚實。〈鹿港乘桴記〉：「樓閣萬家，街衢對峙，有亭翼然。」一句近似於〈醉翁亭記〉：「峯回路轉，有亭翼然，臨于泉上者，醉翁亭也。」兩者，皆以「有亭翼然」一句，形容亭台樓閣屋簷之態。而「望之黯然可傷者，今之鹿港也。」亦脫胎於〈醉翁亭記〉中：「環滁皆山也。其西南諸峯，林壑尤美，望之蔚然而深秀者，琅邪也。」此處，以「望之□然而□□者」的句式來帶出所要指稱的地點。

（二）全景、特寫、細節描繪今非昔比

第二、三段，此部分的議論筆法及論述口吻濃烈，詳述作者少時興盛之鹿港，隨著時間推移，隨著版圖改治，逐漸蕭條、沒落的過程。行文之中，寄寓傷感、悲憤之情。段落開頭，作者這麼說：「昔之盛，固余所不見；而其未至於斯之衰也，尚為余少時所目睹。」

整個第二段就從鹿港「未至於斯之衰也」起筆，作者描述並議論他年少時所親眼見到已漸衰，彼時，還保有餘韻的鹿港之樣態。因此，本段，就時間軸序而言，其結構安排是這樣的脈絡：「昔盛（作者未見）→漸衰猶盛（作者少年所見）→今日之衰圮（親身經歷）」。

1. 首先，作者採「敘事」之筆，記載昔時鹿港因地理位置之重要，遂具備興盛之因及繁榮之象。本段主要從兩部分著手：

交通樞紐：

蓋鹿港扼南北之中，其海口去閩南之泉州，僅隔一海峽而遙。閩南、浙、粵之貨，每由鹿港運輸而入，而臺北、臺南所需之貨，恆由鹿港輸出。乃至臺灣土產之輸於閩、粵者，亦靡不以鹿港為中樞。

文風教育鼎盛：

蓋藏既富，弦誦興焉；故黌序之士相望於道，而春秋試之貢於京師、注名仕籍者，歲有其人。

2. 接著，作者開始描述他少年時所見的「漸衰」之鹿港：

而是時鹿港通海之水已淺可涉矣，海艟之來，止泊於沖西，內津之所謂「鹿港飛帆」者，已不概見矣。綑載之往來，皆以竹筏運赴大艑矣。然是時之竹筏，猶千百數也；衣食於其中者，尚數百家也。

作者年少時候的鹿港，已經逐漸衰退，於是，此段落的遣詞用字，可以看出洪繻的思維及意圖，「鹿港通海之水已淺可涉矣」、「已不概見矣」、「是時之竹筏，猶千百數也」、「衣食於其中者，尚數百家也。」，「已、猶、尚……」等字，都可以看出作者所描述其少年時鹿港漸衰之勢。港口之所以為港口，當有各式船隻之往來，而交通工具是經濟之命脈。本段中，作者藉由具體的畫面描寫了交通工具的變置，來說明鹿港港口淤積之象，也暗喻經濟榮景的消退：「海艟之來，止泊於沖西。」、「細載之往來，皆以竹筏運赴大艑矣。」海艟是大船，大船駛來，只能停泊於沖西港；貨物綑綁裝卸後，必須再依賴竹筏運往大船。鹿港於此時已經不能直接停泊，暗示著港口泥沙淤積。

3. 版圖既異，進入日治時期，鹿港衰頹

此部分，作者描述在日人治理之下的諸多社會現象，而這些現象之形成實導因於政府政策，並且，這些政策是造成鹿港衰頹的主因。

(1) 海關之吏猛於虎豹，華貨之不來者有之矣。

(2) 洎乎火車之路全通，外貨之來由南北而入，不復由鹿港而出矣！

(3) 重以關稅之苛、關吏之酷，牟販之夫多至破家，而閩貨之不能由南北來者，亦復不敢由鹿港來也！

(4) 鹽田之築，肇自近年。日本官吏，固云欲以阜鹿民也；而其究竟，則實民間之輸巨貲以供官府之收厚利而已。鹽田興築之後，阻水不行，山潦之來，鹿港人家半入洪浸；屋廬之日就頹毀，人民之日即離散，有由然矣。

上述所列，主要在描述鹿港進入日人統治之後，因為政策之故（承上之各點：海關官吏殘酷、開設台灣縱貫鐵路、關稅嚴苛、設置鹽田等等），凡此，皆屬於「人為」之舉措加重鹿港衰頹之勢。港口「自然」淤塞之因，加上「人為」政策之故，鹿港的頹圮在作者的眼裡，儼然是一種近黃昏的哀傷。此段文字，也呼應首段所言的「人煙猶是，而蕭條矣；邑里猶是，而汃寥矣……去之五里，涸為鹽場，望之黯然可傷者，今之鹿港也。」作者今非昔比之嘆，於字裡行間深切流露。如果我們以電影為喻：第一段的今昔鹿港之盛衰對照之筆，屬於「全景」，將整個鹿港的人物、事物、景物等拍攝主題，在同一時刻裡，置於同一個屏幕內。至於第二段，則近似於「特寫」，將三個階段裡鹿港由興而衰的細節與點滴，透過具體畫面的描寫，使特色更為凸顯。這其中，一定程度地反應作者對日本殖民政治的反撲與不滿，而此一脈思想，貫串全文。

（三）回憶往昔乘桴遊覽的點滴

本文來到第四段，也就是末段，終於「扣題」，亦即終於提及「乘桴」。有學者說「乘桴」是否意味「沉浮」？筆者以為「乘桴」是真實，而臺灣淪為日本殖民地之嘆，作者有人生「沉浮」之感否？則是讀者反應的詮釋美學。

一般來說，文本裡，時間變化的敘述相對於空間描寫而言，比較容易使讀者感知。早晨、正午、黃昏、夜晚等詞語，一路延綿而下。而空間的變異，則往往奠基於時間上，透過時間的累積才能見諸滄海成桑田、平地起高樓之景。不過，時間的流逝又是抽象的，無法具體顯化，除了藉由文字單純描述之外，更重要的是，可以通過空間地理的變化來代言。因此，洪繻在末段真正的「乘桴」觀景，是以空間景物的流動，暗示時間的不可追，寄寓家鄉淪為殖民之地的傷感。本段文字，時間空間的充分交融；在時間的軸線上，透過一個一個特寫鏡頭來呈現地景變幻，而經由這些寫景之筆，流露作者無限感嘆及傷懷。

1. 臨海徘徊，海水浮天如笠，一白萬里如銀，滉漾碧綠如琉璃夕陽欲下，月鉤初上；水鳥不飛，篙工撐棹。

2. 向時估帆所出入者時已淤為沙灘，為居民鋤作菜圃矣。沿新溝而南至於大橋頭，則已挈鹿港之首尾而全觀之矣。

3. 望街尾一隅而至安平鎮，則割臺後之飛甍鱗次數百家燬於丙申兵火者，今猶瓦礫成丘，荒涼慘目也。猶幸市況凋零，為當道所不齒；不至於市區改正（市區改正，是日治時期實施的都市計劃內容，包括拓寬馬路、美化街屋，以改善都市生活機能及品質），「破裂闤闠，驅逐人家以為通衢也。」此處以反諷之筆指稱日人統治臺灣的輕視與輕忽，無暇顧及大火焚毀的家園，不過，此舉讓殘破家園得以保留殘缺，作者之筆呈現笑中帶淚的黑色幽默。

作者於文末以濃厚的唏噓之感作結：「遠近燈火明滅；屈指盛時所號萬家邑者，今裁三千家而已，可勝慨哉！」

全文，作者洪繻善用「敘事、描寫、議論」的筆法，通過「駢散交錯」的句式，以達到其最後「抒情」之寫作目的，抒發感慨之情。

寫作特色

洪繻於本文中除了駢散句式兼用之外，還有一些語法特色。

（一）名詞作動詞

名詞用作動詞是文言文常見現象，因為一般來說，名詞後面是不帶賓語的，若一名詞後出現賓語（即兩個名詞連續出現），我們便可判斷前一名詞是有動詞的作用，所以帶了賓語。例如首段的「暑行不汗身」，其中的「汗身」是兩個名詞「汗」與「身」。此處「汗」是「使（身體）出汗」的使役動詞用法；在意義結構的組成上「汗身」類似我們常說的「汗顏」（「汗」與「顏」兩個名詞，此處「汗」解釋成「使顏面流汗」；「汗顏」有「羞愧」的意思）。

（二）形容詞當動詞

與名詞作動詞一樣的情況還有形容詞作動詞。例如本文第二段的「……固云欲以阜鹿民也」中的「阜（形容詞，本義為「富有」之意）」，這裡解釋成「使（鹿港居民）富有」，是使役動詞的用法。

（三）特殊或罕見用法

本文中也可以看到在文言文中，為呈現審美趣味，而使用的一些特殊用法，如：「一水通津」中的「水」其實是指「河流」；「估帆葉葉」中的「葉」為量詞（常見用法如：一葉扁舟）、「潮汐上下」的「上下」為動詞而非方位詞（此處解釋為上升下降）。這些特殊的使用，都使得文句更為生色而有味。

／閱讀思辨／

一、文中，作者寫鹿港的衰落與沈浮，可以從哪幾個面向來看？

二、鹿港的經濟消融（今日鹿港雖不是商業重鎮，已成觀光名勝古蹟）是否具有歷史的必然性？如果是必然？作者的感嘆是否合理？

三、鹿港的日漸凋敝，有其自然成因？也有其人為因素？請問各是什麼？

四、此文除了提出鹿港的興衰變化，作者內心還想說什麼呢？

五、請嘗試盤整全文中，作者對於清廷割讓臺灣，以致於臺灣成為日治殖民地的哀傷或是控訴，在哪些文句或段落裡出現？

六、本文中第一段的句式，駢句多於散句，至第二、三段則以散句為主，請問這樣的變化，在文意、文氣、創作意圖上，各有什麼特殊性？

／跨域思維／

效忠或反抗

關於〈鹿港乘桴記〉一文，筆者以為是作者俯瞰歷史洪流下的景物變遷之無常與面臨殖民殘酷之無奈，此可謂血淚之作。作者洪繻是堅貞的擁清人士，也同時是堅決的抗日代表。值得讀者們深思的是：為何作者會對故國念念不忘、如此忠心？「效忠」一詞的意義是什麼？什麼才是值得我們效忠的對象？自己？家庭？事業？國家？還是民族？所謂忠孝不能兩全，歷史上有許多的先例，在非常時期，到底該如何做出抉擇？另外，「反抗」的意義是什麼？是為了原則？道義？利益？還是「為反抗而反抗」？你如何看待這樣的命題呢？

（創意共享：彰化師大國文系鄧鈞瀚、鄭祥恩）

【原文】

(一)樓閣萬家，街衢（四通八達的街道）對峙（ㄓˋ，相對而視），有亭翼然。亙二、三里，直如弦、平如砥（磨刀石），暑行不汗身、雨行不濡履（浸溼鞋子）。一水通津（港口），出海之涘（ㄙˋ，水邊），估帆（商船）葉（計算小船的單位）葉，潮汐下上，去來如龍，貨船相望；而店前可以驅車、店後可以繫榜（ㄅㄥˋ，船）者，昔之鹿港也。人煙猶是，而蕭條矣；邑里猶是，而泬寥（ㄒㄩㄝˋ ㄌㄧㄠˊ，空蕩冷清）矣。海天蒼蒼、海水茫茫，去之五里，涸為鹽場，萬瓦如甃（ㄓㄡˋ，裝飾品）、長堤如隍（沒水的壕溝），無

【翻譯】

(一)以前的鹿港有萬家的閣樓，街道相對峙，兩邊的屋簷向前開展如鳥翼，加蓋頂蓋的街道連續不斷，長二、三里，路像弓弦那樣直，如磨刀石那樣平，夏天行走時不致於滿身是汗，下雨時不致於沾濕鞋子。有條河道通往港口，再沿海岸流向大海。海港中做生意的船帆片片，潮汐來來去去，水勢如龍，貨船連綿不絕；商行門前可以行車，後頭可以停泊小船，這是從前鹿港的景象。而現在雖然人煙依舊，可是市況蕭條許多；各區各域仍在，卻空曠沉寂不少。海天依舊蒼蒼，海水依舊茫茫，距離港口五里的地方已經乾涸，闢為

懋遷（ㄇㄠˋ，交易）、無利涉；望之黯然可傷者，今之鹿港也。

（二）昔之盛，固余所不見；而其未至於斯之衰也，尚為余少時所目睹。蓋鹿港扼（控制、據守）南北之中，其海口去閩南之泉州，僅隔一海峽而遙。閩南、浙、粵之貨，每由鹿港運輸而入；而臺北、臺南所需之貨，恆由鹿港輸出。乃至臺灣土產之輸於閩、粵者，亦靡（沒有）不以鹿港為中樞。蓋藏既富，絃誦（絃歌和誦讀（文教））興焉；故黌（ㄏㄨㄥˊ，學校）序之士相望於道，而春秋試之貢於京師、注名（記名於名冊）仕籍者，歲有其人，非猶夫以學

鹽田。萬家屋瓦裝飾點綴其間，長隄就像是城壕，已經沒有交易，沒有生意，看了讓人黯然神傷的一切，就是今天的鹿港啊。

（二）從前鹿港的繁榮，本是我來不及見到的，但我年少時所目睹的狀況，還沒有現在那麼衰落。鹿港位在臺灣南北的中間地帶，港口距離閩南的泉州，只隔了一個海峽的距離。閩南、浙江、廣東貨物，每每從鹿港輸入；而臺北、臺南所需的貨物，常常由鹿港輸出。乃至於臺灣土產輸出到福建、廣東的，也無不以鹿港為中樞。由於庫藏豐富，經濟發達，文明教化就興盛起來；所以學校就學的人士在路上絡繹不絕。經過春季、秋季的科考並金榜題名而被舉用，留名於官員名冊的，每年都有幾個。他們才不像現在日治時代用學校來聚集一批奴才學生那樣。

校聚奴隸（奴才）者也。而是時鹿港通海之水已淺可涉矣，海艟（ㄊㄨㄥˊ，大船）之來，止泊於沖西內津（內港）；昔之所謂「鹿港飛帆」者，已不概（全部、一律）見矣。細載之往來，皆以竹筏運赴大艑（ㄅㄧㄢˋ，大船）矣。然是時之竹筏，猶千百數也；衣食於其中者，尚數百家也。迄（ㄑㄧˋ）於今版圖既易，海關之吏猛於虎豹，華貨之不來者有之矣。洎（ㄐㄧˋ，及、等到）乎火車之路全通，外貨之來由南北而入，不復由鹿港而出矣；重（ㄔㄨㄥˊ，加上）以關稅之苛、關吏之酷，牟販之夫多至破家，而閩貨之不能由南北來者，亦復不敢由鹿港來也。

日治時代的這個時候，鹿港通海的水道已經淺到可以步行通過，海船來了，只能停在西邊的內港道；以前所說的「鹿港飛帆」這種風景，已經一概不見了，貨物的細載與往來，都是用竹筏轉運到大船上。然而當時的竹筏數量成千上百，靠竹筏工作吃飯的也有數百戶人家。到了現在換了統治者之後，海關官員兇猛如虎豹，已經一段時間沒看到來自中國的貨物了。等到縱貫線鐵路全部通行之後，進口貨物從南北港口輸入，也不再由鹿港轉出口，加上關稅苛刻，海關官員嚴酷，原來的商行多半破產，如果福建的貨物無法從南北港口輸入的話，當然也不敢再從鹿港進口了。

(三)鹽田的興築，也是近年開始的。日本官員本來說是用鹽田的興築，來發展鹿港的經濟，使人民富有；可是他的真相

（三）鹽田之築，肇自近年。日本官吏固云欲以阜鹿民也；而其究竟，則實民間之輸巨貲以供官府之收厚利而已。且因是而阻水不行，山潦之來，鹿港人家半入洪浸；屋廬之日就頹毀，人民之日即離散，有由然矣。

（四）余往年攜友乘桴游於海濱，是時新鹽田未興築、舊鹽田猶未竣工；余亦無心至於堤下，臨海徘徊，海水浮天如笠，一白萬里如銀，滉漾碧綠如琉璃。夕陽欲下，月鉤初上；水鳥不飛，篙工撐棹。向新溝迤邐而行，則密邇鹿港之舊津、向時估帆所出入

肇：首度、開端
固：當然
阜：動詞，使豐富
貲：ㄗ，財貨
潦：ㄌㄠˇ，大雨
滉漾：ㄏㄨㄤˇ 一ㄤˋ，水浮動蕩漾的樣子
篙工：ㄍㄠ，船夫
棹：ㄓㄠˋ
迤邐：一ˇ ㄌ一ˇ，慢步疾行
密邇：靠近
向時：從前
估帆：商船

其實是由民間投入大量的資金，讓官府收取厚利而已。而且因為開墾鹽田阻斷了水路，之後每逢山區降下大雨，鹿港就有過半人家會淹水。房屋日漸頹倒損毀，人民日漸遷徙離散，是有原由的。

（四）我往年和朋友搭小船在鹿港海濱遊玩，當時新鹽田尚未興築，舊鹽田也仍未完工，我在無意中到了堤防下，就在海邊來回遊賞；海水連接天際，海空之間如一頂大斗笠，海面平靜時一片白色有如白銀，蕩漾時如碧綠琉璃。夕陽將要西下，月牙初上如鉤，水鳥已經不飛，只有船工搖槳前行。我們緩慢的向新溝移動，靠近了鹿港的舊港口，從前商船出入的地方已淤積為沙灘，被居民鋤成菜圃種菜了。沿著新溝往南到大橋頭，就把鹿港的首尾全景看過了。遠望從街尾一角到安平鎮，

者，時已淤為沙灘，為居民鋤作菜圃矣。沿新溝而南至於大橋頭，則已挈（ㄑㄧㄝˋ，提、舉）鹿港之首尾而全觀之矣。望街尾一隅而至安平鎮，則割臺後之飛甍（ㄇㄥˊ，高大的屋宇）鱗次數百家燬於丙申（西元一八九六年）兵火者，今猶瓦礫成丘，荒涼慘目也。猶幸市況凋零，為當道所不齒；不至於市區改正，破裂闤闠（ㄏㄨㄢˊ ㄏㄨㄟˋ，市場）、驅逐人家以為通衢（四通八達的道路）也。然而再經數年，則不可知之矣。滄桑時之可怖心，類如此也。游興已終，舍（捨）桴而步，遠近燈火明滅；屈指盛時所號萬家邑者，今裁三千家而已：可勝慨哉！

櫛比鱗次的數百家房屋，在割臺後因丙申年的戰火整個毀壞，至今仍是瓦礫成堆，荒涼而慘不忍睹。還慶幸市區商務凋零，統治的日本人瞧不起鹿港，沒把市區列入改正的都市計畫，不至於破壞市肆、驅逐住家來開闢大馬路。但是，再經過數年是否會有變化，就不知道了。滄海桑田的時空變化令人擔憂害怕，大概就類似如此吧！因為沒了遊興，就走下小船再步行，遠近的燈火明明滅滅。屈指數來，鹿港在極盛時號稱萬戶人家，現在僅剩三千人家而已，真是讓人禁不住感慨了。

第五章

03

走自己的路，溫柔而堅定

——張李德和〈畫菊自序〉

／文本分析與解讀／

文本背景——橫跨清領、日治、戰後三個時期的女性菁英

張李德和（一八九三年五月六日至一九七二年十二月十一日），臺灣嘉義市人，字連玉，號羅山女史、琳瑯山閣主人、題襟亭主人、逸園主人、澹亭、桃城散人等。出身雲林西螺望族，為清朝水師副將李朝安後代，儒學訓導李昭元長女。橫跨清領、日治、戰後三個時期的女性菁英——張李德和，是多才多藝的奇女子，她從小就接受良好教育，以「詩、書、畫」三絕著稱，此應歸功其家學淵源。後嫁嘉義醫師張錦燦為妻，

並冠上夫姓。原任教職的她，為照顧家庭及在協助丈夫事業，遂辭去教師工作。她的丈夫於醫學校畢業後，開設「諸峰醫院」（原址在今日的臺南後壁，後遷至今嘉義市），並改建成洋樓，改建之後，醫院的二樓為夫婦的起居室、讀書室，號為「琳瑯山閣」，屋後庭園名為「逸園」，一九四五年毀於戰火。一九四六年重建住宅，恢復庭園（逸園），並新建「題襟亭」。

張李在其夫婿所成立的助產士講習所協助行政庶務之外，也教授地方居民漢文，並且成立「琳琅山閣聯吟會」。「琳瑯山閣」常常舉辦詩會、吟誦、創作及品賞等藝文活動，逐漸成為嘉義地區重要的文藝雅集之所，文人雅士的唱和歌詠，聲聞遐邇，當時的許多聚會及活動，均為地方重要之盛事。

更難得的是，她是以一介女子身分，在傳統男尊女卑的社會裡，成為以男性為主體的文藝團體之主倡者及領導者。「琳瑯山閣」成立後，帶動嘉義地區書畫藝文活動的蓬勃與熱絡。張李家境優渥，並且不吝於提攜後進，她對陳澄波的鼓勵及支持，是當時畫壇的佳話，曾資助其赴東京參展。後，陳澄波畫展入選時，張李曾以詩祝賀，〈陳澄波君文展第四回入選賦此以祝兩首〉：「犁雲鋤雨幾經秋，文展今朝願又酬。一躍龍門聲價重」、「如椽老筆氣橫秋，藝院三經志已酬。一例棘圍鏖戰處，又看姓字占鰲頭。」

文本分析

（一）用形式驅動敘事

本文為「序跋」類作品，作者自題為「畫菊自序」，「自序」之語含有彰明心志，表達理念的意涵，可見作者於此文中，想要傳達其理想的意圖。就結構分析，此文體之使用，呈現出一種以「形式」帶動對文本的驅動性。全文形式與內容精悍短小，文句以駢文書寫，偶見散句，是張李德和精采的古文之作。駢文的特點是：多用對偶，辭藻華麗，聲律和諧及好用典故。駢句的使用在中國文學發展進程中歷史悠久，由於漢字獨體、單音、多義的特質，發展出對偶的文學體式，實屬自然生成，且駢文由於聲韻深長、詞句對偶的特質，便於記誦，易於啟發，這是其優點，當然，駢文亦有其缺失，若堆砌過多，專營形式，難免流於徒具形式而讓人忽視其內蘊。駢文的文類形式與特色和散文相對。張李德和的〈畫菊自序〉以駢句為主，兼有散句，此外，轉折詞（助詞）的使用，如：「是故」、「此皆」、「而」、「若夫」、「竟」等，也讓文句的銜接更為流暢，上下文之間因果、遞進、轉折等關係，易於明瞭。

以下表格是透過以句號為單位，將句子（表達完整意義的最小單位）各自獨立後再予以聯繫而觀，進而梳理文意脈絡，剖析全文的結構，以明瞭作者行文書寫的思維邏輯。

項目	課文文句	句式及文意分析
1	人為萬物之靈，志有萬端之異。	**駢句** **全文主題句**
2	學琴學詩，均從所好；工書工畫，各有專長。	**駢句** **承前一句**，說明人各有所好，各專其擅。
3	是故咳唾珠玉，謫仙擷詩學之源；節奏鏗鏘，蔡女撰胡笳之拍，此皆不墮聰明，而有志竟成者也。	**駢句加散句** 以李白詩歌之才、蔡琰作《胡笳十八拍》之能為例。此句在說明李、蔡二人雖性別有殊，卻能依己之所好，更顯其才。此段呼應前句「學琴學詩，均從所好」。小結論：「不墮聰明，有志竟成」，此處隱含作者對自己的期待與召喚。
4	若夫銀鉤鐵畫，固屬難窺；儷白妃（音ㄆㄟˋ，同「配」）青，亦非易事。	**駢句** 此句呼應前面提及之「工書工畫，各有專長」。「銀鉤鐵畫」指書法力道（工書）；「儷白妃青」指繪畫時調配顏色（工畫）。學習書法或繪畫要能出類拔萃，非易事也。

5	余因停機教子之餘，調藥助夫之暇，竊慕管夫人之墨竹，紙上生風；敢藉陶彭澤之黃花，圖中寫影。	**駢句加散句** **進入主旨**：仰慕前賢之才，為自我實現，遂求繪畫的理想。此處展現作者畫菊之才與樂。作者謙虛說明自己是利用相夫教子的「餘暇」才得以繪畫，這也是當時傳統社會環境下，女性不得不的家庭負擔與限制。 「停機教子之餘」與「調藥助夫之暇」，其中「餘」和「暇」兩字，利用「錯綜」的修辭，將詞語抽換，不讓字詞一再重複，呈現出「審美」韻味，這也是「駢文」在文學藝術上的功用之一。
6	庶幾秋姿不老，四座流芬；得比勁節長垂，千人共仰，竟率意而鴉塗，莫自知其鳩拙云爾。	**駢句加散句** **自我期待**： 畫菊之作：秋姿不老，四座流芬。 人格陶冶：勁節長垂，千人共仰。 最後句以自謙之語作尾。

（二）突破性別限制，提出新視野

在全文內容上，有學者認為，張李德和畢竟是女性，在以男人為中心的那樣傳統社會結構裡，仍然無法完全揚棄男權主宰的社會框架。雖然當時臺灣已近近代化、半開放的社會，但是社會能否接納她的才氣，端賴一個大前提——她能否遵守婦女的「四德」之道。因此所有隸屬於傳統婦女的日常例行工作，例如烹煮飲食、侍奉翁姑、教養子女、協助夫婿事業等，仍舊佔去她大部分的時間。這樣的觀點或許可以解釋文中張李所提的「余因停機教子之餘，調藥助夫之暇。」她利用餘暇繪畫之緣由。

本文在內容上，有幾項特點：作者考慮當時社會對於女性的傳統刻板印象，於是行文時，有所兼顧，談到自己多利用照顧家庭、相夫教子之餘，實現繪畫的理想。而在現實與理想的妥協交涉之中，張李仍能有新視野，她勇於突破男女性別的限制，在文章中，特別舉證長於詩歌的李白和善作琴曲的蔡琰為例，一男一女，平衡性別，彼此互為對比及觀照，再如：用管道昇（女）對陶淵明（男），也企圖營造男女平衡，來為自己於家庭與個人志趣兼擅作為鋪墊。這也和現實生活中的張李曾熱情投入社會政治事務；又與其「琳瑯山閣」中，男女藝文人士兼容的狀況，互相呼應。

而在形式上，全文以駢句為多，駢句雖然慣以四字和六字的對偶句組成，但是張李德和不讓形式局限了內容與文意的發展，遂發展出七字式的對偶、八字式的對偶之型態，以造成文句及氣韻上的跌宕及變化。

／閱讀思辨／

一、本篇序文題為〈畫菊自序〉，表面上似在說明〈畫菊〉一事，但仔細閱讀之後，作者實際上想傳遞的是〈自序〉，「自序」是指「表明心志」。請問你認同這樣的說法嗎？為什麼？另外，我們將〈畫菊〉與〈自序〉兩個詞彙分開來說，請嘗試讀出它們的差異（如下圖）。

分類	涵義
畫菊（具體）	
自序（抽象）	

二、作者於文章起首先說李白、蔡琰等人的「有志竟成之道」，後才稍微「表露自身心跡」，闡明自己追求繪畫的理想。你認為作者，在全文的文意脈絡與邏輯上的安排，有何用意？而在那樣的時空背景底下，作者如此的書寫邏輯產生怎麼樣的效果？

三、〈畫菊自序〉一文中大量使用駢句，間用散句，請問，你認為作者這樣的安排是否有其規律及用意呢？又，它在文意的發展及理解上、文本風格及審美意識上，產生了什麼樣的效用？

四、在張李德和所生長的時代，對於女性的角色期待仍是傳統的宜家宜室、相父教子之務。女性能夠兼顧家庭及追求一己志向，被視為是相當難得的事，在當代社會，你發現女性的角色有了什麼樣變化？你個人對於這樣的變化，有何看法？

／跨域思維／

自我與他我的實現

張李德和生長於世家大族，受過日式教育，於是成就其個人思想與行為上的多元價值性。不過，在看似足以放飛自我、率真任性的富裕環境裡，同時也容易受到傳統意識上對其角色的看法與設定，而產生侷限。張李德和出身富裕，受過教育，擔任教職，後來嫁給醫生，看似一帆風順的人生際遇，其所面臨的「刻板印象」之制約，恐怕更為劇烈。出嫁女子後的家境好，張李應當無需拋頭露面，只要相夫教子得宜即可。於是所謂「溫婉乖順」的角色期待，恐怕是張李於「自我」和「他我」的衝突中，必須要考量的因素之一，這也無怪乎，她在文章中提及「余因停機教子之餘，調藥助夫之暇，竊慕管夫人之墨竹，紙上生風；敢藉陶彭澤之黃花，圖中寫影。」以婉曲的口吻，表明她的心意。

家庭提供富足環境與教育機會，同時也因為這樣的出身背景，許多既定的「好女孩、好媽媽、好太太，甚至好媳婦」的形象恐怕更顯牢固及綁縛。

張李德和的經濟條件是她能夠向外發展興趣的重要推力，這樣的經濟基礎若套用在其他人身上，恐怕為了滿足傳統的標準與期待，遂在其中的框架裡自縛停滯而無法跳脫。但，張李德和的故事與經驗告訴我們，在當時保守的社會形態裡，她得以在滿足傳統價值取向之餘，仍有追求自己理想的機會，更應證了馬斯洛「需求理論」的頂端——「自我實現需求」之指標意義。人類於基本物質及生活需求滿足之後，進而開始追求一己之精神價值及自我實現的想望，這是人性之常。

文本閱讀

【原文】

（一）人為萬物之靈，志有萬端（極多且複雜）之異。學琴學詩，均從所好；工（擅長）書工畫，各有專長。是故咳唾珠玉（言談不凡或文詞優美），謫仙（李白）闢詩學之源；節奏鏗鏘（清脆悅耳之音），蔡女（蔡琰）撰胡笳之拍（《胡笳十八拍》）。此皆不墮（屏棄）聰明，而有志竟成者也。

（二）若夫銀鉤鐵畫（筆畫剛健或柔美），固屬難窺；儷（ㄌㄧˋ，成雙成對）白妃（ㄆㄟˋ，配）青，亦非易事。余因停機（不必做家事）教子之餘，調藥助夫之暇，竊慕管夫人之墨竹（管道昇畫竹之作），紙上生

【翻譯】

（一）人是世界中萬物之中最具靈性的，且心志複雜各不相同。想要學琴、學詩都可以隨順自己的愛好；擅長書法，精於作畫，各有專長。所以，我們見到有人才華橫溢，一開口吐出唾液即能化成珍珠寶玉，出口成章，正似謫仙李白之才造就詩學的源頭；有人能創作節奏悅耳的樂音，一如蔡琰撰寫了哀婉動聽的〈胡笳十八拍〉琴曲。這些人都是不放棄聰敏天資，並且立定志向，終於獲得成功者。

（二）至於筆畫是柔美或剛健的書法，本來就難窺其全貌；而創作詩文時，關於句式整齊，對仗工穩，一如青與白之相

風；敢藉（冒昧）陶彭澤之黃花（陶潛的菊花），圖中寫影。庶幾（希望）秋姿（菊花的姿態）不老，四座流芬；得比勁節長垂（流長後世），千人共仰。竟率意（輕浮、不細心）而鴉塗（胡亂塗畫），莫自知其鳩拙（鳩佔鵲巢）云爾（如此而已）。

配得宜，也不是件容易的事。我利用完成家務之暇及教導子女之餘暇，以及協助丈夫事業之空閒，私下仰慕元代畫家管道升的墨竹畫，欣賞她栩栩如生的畫作；因此大膽地憑藉陶淵明愛菊的情懷，企圖在畫紙上描繪菊花的身影。希望我畫的秋菊能夠姿色不老，讓人感覺芬芳、流動傳播雅致；甚至，奢望能與管夫人的墨竹畫並比，長久流傳，使眾多的人共同觀賞。於是，逕自輕率地胡亂塗畫，不知道自己像鳩拙於築巢，愚拙如此。

打開古人的內心小劇場：十五篇核心古文，透視古人這樣想、那樣寫的萬千糾結！

2021年11月初版　　定價：新臺幣360元

2022年11月初版第二刷

著　者	楊曉菁
叢書主編	周彥彤
美術設計	Ivy_design

出版者	聯經出版事業股份有限公司
地址	新北市汐止區大同路一段369號1樓
叢書主編電話	(02)86925588轉5312
台北聯經書房	台北市新生南路三段94號
電話	(02)23620308
台中辦事處	(04)22312023
台中電子信箱	e-mail:linking2@ms42.hinet.net
郵政劃撥	帳戶第0100559-3號
郵撥電話	(02)23620308
印刷者	文聯彩色製版有限公司
總經銷	聯合發行股份有限公司
發行所	新北市新店區寶橋路235巷6弄6號2樓
電話	(02)29178022

副總編輯	陳逸華
總編輯	涂豐恩
總經理	陳芝宇
社長	羅國俊
發行人	林載爵

行政院新聞局出版事業登記證局版臺業字第0130號

本書如有缺頁，破損，倒裝請寄回台北聯經書房更換。　ISBN 978-957-08-6104-4 (平裝)

聯經網址：www.linkingbooks.com.tw

電子信箱：linking@udngroup.com

國家圖書館出版品預行編目資料

打開古人的內心小劇場：十五篇核心古文，透視古人這樣想、那樣寫的萬千糾結！/楊曉菁著．初版．新北市．聯經．2021年11月．324面．17×23公分
ISBN 978-957-08-6104-4（平裝）
[2022年11月初版第二刷]

1.國文科　2.文言文　3.閱讀指導　4.中等教育

524.311　　110017980